JN329277

# 老いの不安がなくなる45のヒント

右のポケットにアイデア、
左のポケットにユーモアを

羽成幸子

# 老いの不安がなくなる45のヒント

右のポケットにアイデア、左のポケットにユーモアを

装幀◉深山典子
イラスト◉おおの麻里

# ないないづくしで、ハッピーライフ●●●はじめに

お金がない、時間がない、友達がいない、誰も何もしてくれない。ない、ない、ない、ばかりを並べる人がいる。「ないない病」患者は顔に出るからすぐわかる。

これを一気に治す方法をご紹介しよう。脳は、楽しいことが大好きなので、「ない」をマイナスではなく、プラスだと思考を変えるのだ。小さなことを喜ぶ習慣が「ないない病」をやっつける。お金はないけど、借金もない。そのうえ、元気だったら、大富豪！　という具合。

思い起こせば、私の二十代前半は悲惨だった。貧乏という単語を辞書で引くと「財産や収入が少なくて、生計が思うようにならないこと」とある。まさにこの状態。

父の病気、銀行や親戚からの借金、祖父母の介護……。わが家は貧乏材木屋を営んでいたが、土地も家も借金の担保に取られ、形ある財産など何もない。マイナスもマ

イナス、どん底さえも超えたマナイスだった。でも、そんな中でも光はある。マイナスをプラスに変えるキーが、家族の存在だ。

当時のわが家は、三世代が同居する八人家族だった。父が病気、祖父母の介護も必要だったが、元気な者は働ける。父にも祖父母にも、自分達のできることをしてもらっていた。例えば、半身不随で寝たきりの祖母には、一方の手が動くので、横になったまま食事をしてもらう。野菜たっぷりのお粥を枕元に置くと、ゆっくりと自分のペースで口に運ぶ。他者の手はいらない。

入退院を繰り返していた父は、私が二十歳の暮れ、危篤状態に陥った。病室の隅で母が泣いていた。注射も薬も効かないという医師。骸骨のようになった父に向かって私は怒鳴《どな》った。

「勝手に死なないでよ！　まだ、親の役目を果たしてないじゃないのよ！」

か細い声で父が言った。「どうすれば、いいんだ」

「注射も薬も効かないなら食べなさいよ！」

私は父の口の中に小さな小さなおにぎりを押し込んだ。口内炎のため、相当痛かったのだろう。父はヨダレを垂らし、涙をこぼしながら、そのおむすびを飲み込んだ。

二トントラックを運転し家業を手伝っていた私は、退院した歩けない父を乗せて、仕入れや配達に行った。父が一緒だと、得意先の人達も喜んで迎えてくれた。扱うものが材木なので、自分の手に負えないときは、高校生だった弟の手を借りた。

少しでも時間があれば、アルバイトもした。店員、草取り、帳簿付け……。それらの労働は、わずかなお金と、たくさんの経験を私に与えてくれた。

今の私に「老後」の不安や心配はない。十九歳から四十九歳までの三〇年にわたった祖父母、父母、義母の介護と看取りを終えた。古い家だがローンも終わっている。長年、夫が糖尿病と付き合ってきたので、食事の管理がうまくなった。そのおかげで太らない。歳《とし》のせいで「たるみ」はあるが、「痛み」はない。夫婦ともに国民年金が頼みの綱だが、工夫しながら生活するのが〝趣味〟なので、お金はあまり必要ない。管理するほどのお金もないので、振り込め詐欺にひっかかることもない。

この先、老人ホームに入れるようなお金もないので、自宅で介護されて、死んでいくつもりである。痛みと苦しささえ取り除いてくれたらどんなに命が縮んでもいいと子ども達に伝えてある。食べるものが口から摂れなくなったら、それをよしとして見守ってもらいたいとも言ってある。

ないないづくしで、老後の心配もない！　ない!!　と、私は今、しあわせに暮らしている。これまでの私の経験が、この本を読んでくれた方の心を軽くすることができたら、これほど嬉しいことはない。

# 老いの不安がなくなる45のヒント

右のポケットにアイデア、左のポケットにユーモアを

【目次】

第1章

## 老いは誰にもやってくる

## 第2章 介護に役立つ知恵

第3章
## それでも笑顔でいるために

第4章

# しあわせは今ここに

第1章

# 老いは誰にもやってくる

歳をとることは
誰にもとめられない。
でも、恐れることはない。
何事も、早め、早めの
準備によって、
不安や心配をなくそう！

## 1

# 忘れっぽくなったと、不安になったら

「あっ、自分の介護が必要になったかも……」と思う瞬間がある。それは意思どおりに体が動かなくなったと感じたときだ。自分の体に意識を向けているとほんの小さな変化もキャッチできる。

何だか、ブラジャーの背中のホックが留めにくい。「これは、腕の筋肉が硬くなっている合図だ」と思えば、ほぐすために肩をグルグル回してストレッチする。それでも時には、後ろに手を回しただけで痛みを感じる場合もある。痛みでホックまで手が届かないときには、胸元で留めて、ぐるぐると後ろに回す。要はどんな方法でも、ブラジャーを着けるという目的を果たせばいいのだ。

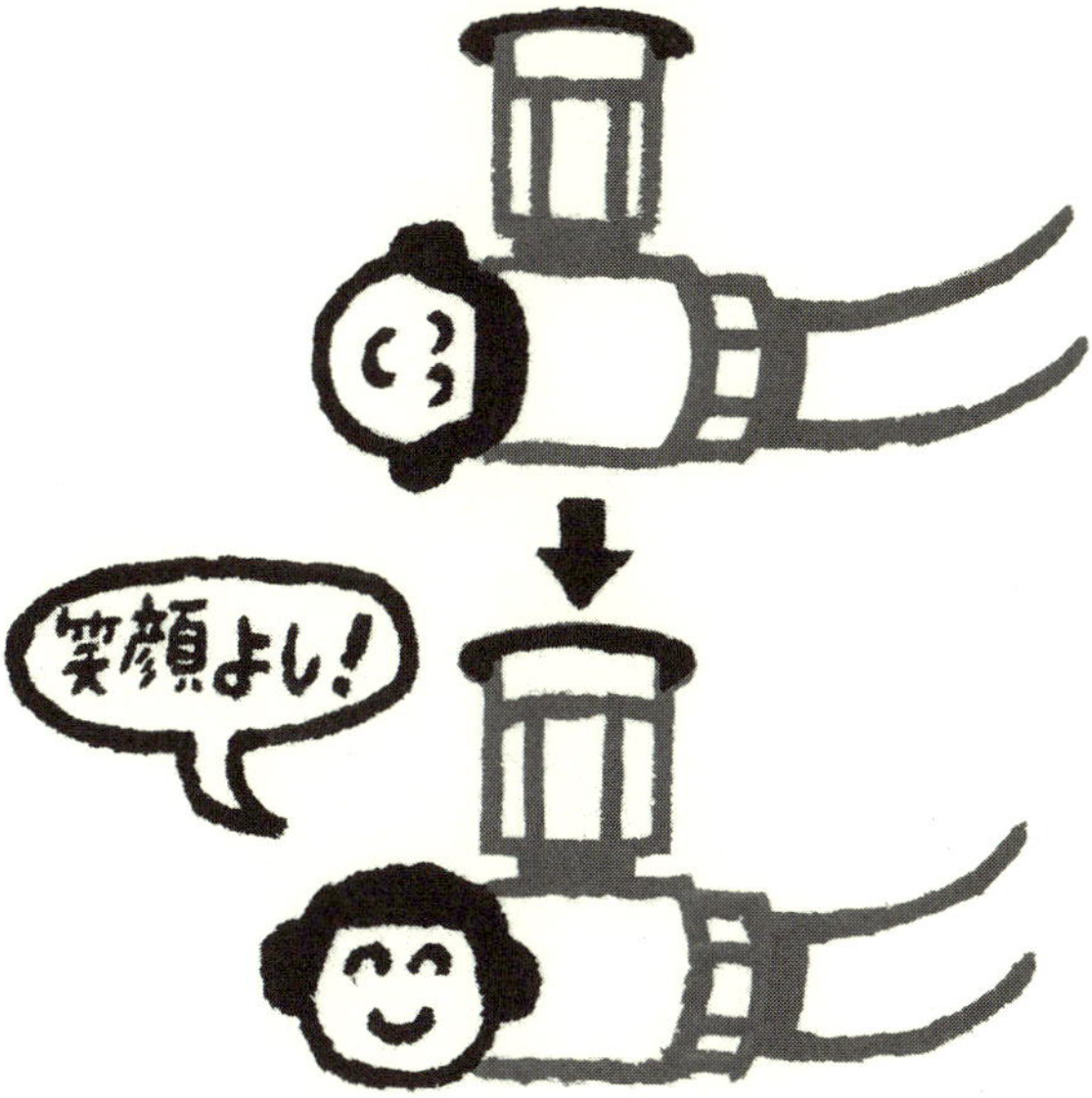
笑顔よし!

以前、街中を歩いていたとき、背中にふたつの山がある女性とすれ違ったことがある。鮮やかなアイラインにピンクの唇。年齢は六十代後半だろうか。両手に大きな荷物を持って、急いでいる様子だった。私は思わず呟いた。

「あっ、ブラを回すのを忘れている……」

この女性を笑えないと思った人も多いのではないか。「忘れる」ことが多くなったと不安がよぎるようになったら、その対策を考えてみてはどうだろう。

例えば、わが家のガスの元栓には笑った顔の絵が貼ってある。ガスを使っているときはその顔が横になり、閉めた場合は正面を向いて、笑顔とご対面という具合だ。出かけるときは「笑顔よし！」と声に出す。「忘れる」という現象を恐れるのではなく、どうすれば忘れないかということを考えた結果、浮かんだアイデアである。それでも、玄関を出たところで「あら、ガスの元栓しめたかしら？」と、ふと不安がよぎることも……。

そこで考えたのが、靴を履いたままで履けるスリッパ。ビジネスホテルから持ち帰った使い捨てスリッパを利用して作ってみた。これも便利で重宝している。

まずは、今、自分が感じている不安なことを、ひとつずつ書き出し、その対処法を考えてみよう。ふと、思わぬアイデアが浮かんだりすると、考えることがどんどん楽しくなってくるものだ。そして、それを実行してみてほしい。これが、「自分で自分の介護をする」ということの始まりとなる。

## 2

# 老後の備えは、「貯金」より「貯筋」

還暦を迎えた日から、年金生活者にとっては、お金より元気な体を維持するほうが大事だと思い、歩数計を付け始めた。目標、一日一万歩。一歩を一円に換算して歩くと、稼ぎが数字として出るので励みにもなる。「今日は一万二五三七歩」＝一万二五三七円と手帳に記入する。私達夫婦は共に国民年金受給者なので、二人合わせても年収は一七〇万円弱。それでも、元気でいられれば、十分やりくりできる。つまり、体が頼りの毎日なのだ。

そこで重要となるのが「貯筋」である。年金収入は少なくても、貯筋はたまる。今月の私の稼ぎは三五万四〇二一円だった。糖尿病の持病をもつ夫も歩数計を付けて歩いているので、二人で稼いでいることになる。「今日のあがりはいくら?」「わぁー負けた」などと言いながら、互いの貯筋額を比べ合っている。

このお蔭で、遠回りや、道を間違えて逆戻りをしたりすることが少しも苦にならなくなった。

私は介護などについての講演の機会をいただいた際には、前日に現地入りするようにしている。目的は初めて訪れた町を歩くこと。地元の人に道を尋ねたり、店先に並んだ野菜の名や料理法を聞いたり、知らない町をあちこち歩くことで得ることが多くほんとうに楽しい。

講演当日の朝も、もう一度、町中を歩く。二日も歩いていると、路地や抜け道がわかるようになり、地元の人より町中が詳しくなったような気にもなる。あるときなど、道に迷った高齢者を耳鼻科まで案内したこともある。

また別の機会では、庭先に咲いていた花の名を尋ねたのをきっかけに、その家の奥さんとおしゃべりの花が咲き、上がってお茶をご馳走になったこともある。

こうなると、見知らぬ土地が自分の町のように思えてくる。歩くことで得た知識は、講演にも役に立つ。その土地の習慣や考え方がわかると、介護に対しての向き合い方もその土地に合ったヒントを提供できるからだ。

例えば、お隣の安否確認といっても、屋根続きの隣もあれば、田んぼを隔てた遠い隣もある。それらのことは、講演時間に間に合うように行って、終わればさっと帰るということではわからないことだ。

最近は、われわれ夫婦に孫の世話が加わり、思うように散歩ができなくなったが、孫が帰ったあと歩数計を確認すると、毎日のように一万三〇〇〇歩をゆうに超えている。食後、音楽に合わせて孫としているダンスが歩数を増やしているようだ。

階段を上がったり下りたりと孫の用で動き回っている毎日も、貯筋の元になっている。一歩一円。やがて、私は億万長者になるだろう。

## 3

# 友達付き合いに無理は禁物

老いというものは、意外な意地悪をする。何十年ぶりかに会った昔の友達が、再会を機会に友情を復活させる。思い出話に花を咲かせたまではよかったが、その後の付き合いでお互いの今を語り合ったり、関わったりしているうちに、かつての友情にひびが入る場合もある。お互いが元気で若かった頃のイメージをそのまま引きずっていると、思わぬ落とし穴があるものだ。

青春時代、一緒に山に登ったり、キャンプをしたりと、体力と気力にものを言わせての思い出は、宝石のようにいつまでも心の中で輝いているものである。だが月日は、それぞれの人生をさまざまに変えていく。

子どもの頃から仲よしだったふたり。高校を卒業と同時に別れ別れに。その後、それぞれ結婚して家庭をもつ。月日の流れは速いものだ。還暦を前にふたりは再会を果たした。

若い頃の思い出話は楽しく尽きず、久しぶりに、ふたりで旅行に出ることに。山歩きが好きだったので、ひとりが旅の途中、ハイキングに誘う。もうひとりもその話に乗ったものの、歩き始めるとすぐに疲れを感じたが、せっかくのふたりの旅だ。我慢しながら、相手に付き合う。やっとの思いで旅を終え、お互い「楽しかったわ」と言って別れたが、あとに残ったのは疲れだけ。言いようのない虚しさから、お互いの友情も遠くなっていく。

ずっと途切れずに付き合いを続けていたら、相手の状態も理解できて、体調を考えた旅もできるだろう。だが、長いブランクは想像を超えて、体力差が生じてくるものである。

同じ年齢でも、長い人生の過程を経て、ひとそれぞれに「老い度」に差があらわれる。だから、昔はああだった、こうだったと、頭で思っていても体がついていかない

ことも ある。それを考えずに行動を起こすと、思わぬ落とし穴に陥るということになるわけだ。

老いてからの付き合いは、現地集合、現地解散がいい。集合場所にはそれぞれが、自分の体力に合わせた方法で出向く。車で、電車で、歩きで行く人。体力に合わせて無理のない手段を選ぶ。そして、楽しい集まり、時間を過ごし終わったら、またそれぞれが自分の体調に合わせた帰り方をする。その場所に泊まる人、迎えに来てもらう人、来たときと同じように帰る人。これなら、疲れることもなく「楽しかったわ。また会いましょうね」と元気にさよならできる。

無理のない付き合いを長く続けたいものである。

## 4

# 夫育ては、一日も早く！

あの、結婚式の誓いの言葉ほど当てにならないものはない。荒波をイヤというほど越えてきた結婚生活の先輩としては、「そんなこと言ってられるのも今だけよ。明日からは闘いよ」と厳しいエールを送らざるをえない。

披露宴でフルコースを食した次の日から、お茶漬けさらさらに変わる。たかが茶漬けとはいっても、慣れ親しんだ味は夫婦で違う。小さないざこざ、思いのズレを必死に乗り越えて、お互いが空気のような存在になるまでには、相当な忍耐と努力を要する。

とはいうものの、私たちの世代の多くは、良妻賢母をむねとして夫に仕えてきた女性が多い。夫も自分の世話を妻任せとしてきた。夫が機嫌よく暮らすために妻は心を配る。それが当たり前だと特別にありがたがらない。

そんな暮らしが続けばいいが、老いは残酷だ。ある日突然、妻が入院。家に残された夫は、お茶が飲みたいと思っても出てこない。自分でいれようとするも、急須や茶筒の置き場がわからない。そもそも探すという発想がなかったりする。イライラがオロオロに変わって時が過ぎていく。

このような夫にしてしまったのは、何を隠そう、妻である。

だから、そうなる前に、自立した夫を育てることだ。早ければ早いほどいい。自分がいなくなっても生活できる人を育てる。それが夫のためになるのだ。

「最近、妻が冷たくなった。今まで世話を焼いてくれていたのに、『自分でなさってください』って言うんだ。しかたないので、自分でお茶をいれて飲んでいるよ」と言う七十代前半の男性のぼやきを聞いた。私は内心、「夫育てに成功したな」と拍手をした。

そこで、さらにワンステップアップ。「私にも、お茶をいれてくださいな」と頼んでほしい。

最初はエッという顔をされるかもしれないが、そこは仏心を封印。目の前にお茶が出たらゆっくり口にして、「まあー、おいしい!!」と喜ぶ。それでたちまち、夫はお茶いれ名人になること間違いなし。

夫婦ともに家事ができるようになれば、老後の心配はない。どちらかが、たとえ倒れたとしても、これで乗り越えられる。

## 5

# ひとり残されたときのための練習

ここ数年、私は意識的に家を空けるようにしている。興味ある講演を聴きに行ったり、芝居を観たり、絵画に触れたりしたあとは、家には帰らず、そのまま余韻を楽しむために、手頃なビジネスホテルに宿をとる。

家を離れる際、夫には「私が死んだと思ってね」と言って出る。ある意味、これは夫婦にとって、どちらかが死んだときの練習でもあるのだ。

この先、夫と私には、必ず死が訪れる。どちらが先に逝くにしても、ひとり残される。その後の人生を、お迎えが来るまで、ひとりで生きなくてはならない。

ならば、その練習を生きているうちにと、思いついたのだ。これを私は「小さな死」

と呼んでいる。「本当に死んでしまったら、長い旅に出ていると思ってよ」と、これもまた夫に言ってある。

これには思わぬメリットがあった。日常から離れることで、心身ともにとてもリラックスできるのだ。携帯電話を持たない私は、その日の宿の電話番号を書き置いて、家を出る。

家を出た瞬間から、何ともいえない開放感に包まれる。宿に入れば、自分だけの世界。束の間のひとり暮らし気分に浸れる。本を読んだり、パズルを解いたり……、自由、気儘なこと、このうえない。

今では「入院してきまーす」と言って家を出ていく。

夫も、ひとり残った家で、自分で自分の世話をして、火の元、戸締まりに神経をつかい家を守る。今まで私がしていたことを夫がするのだ。

こんなふうに少しの時間でも、夫婦が離れることによって、お互いの存在を再認識できたり、お互いの死に思いを馳せることで、向き合い方が新鮮になったと私は感じている。

これから生を終えるまでの道中は、夫婦それぞれがこれまでの役割である「父親、母親、夫、妻」を終え、人間同士として向き合い、一個人に戻って自由に生きる時間でありたい。

東日本大震災をきっかけに、死はいつ何時、訪れるかもしれないと考える人も増え、自分の死を意識して人生を見つめなおす三十代、四十代も多くなったと聞く。

私にとって、死は、幼い頃から身近にある存在だった。病弱な父が入退院を繰り返していたために、常に、「父がいなくなるかもしれない」という思いが、心のどこかに住み着いていた。その思いは、大人になっても、自分の家庭をもっても、消えることなく、いなくなるかもしれないという対象が変わりながらも、自分の中にずっと持ち続けてきた。でも、ビクビクしながら生きてきたから、今にたどり着けたと思っている。

しあわせなことに、ようやく自分の死を考えることができるときがきた。もうこの私には、守らなくてはならないものは何もない。自分の死を考えられる今この自由は天国だ。

私にとって、「小さな死」とは、人生というフルコースのデザートのようなもの、ゆっくりじっくり、私らしく、人生最後のデザートを楽しみたい。

# 6

# ころばぬ先の〝ポータブルトイレ〟

以前、何人かの人に〝自分が介護されている姿〟をイメージしてもらった。車イスに乗った自分を誰かに押してもらっている、食事の介助をしてもらっている、お風呂に入れてもらっている、というように、ほとんどの人が、誰かの世話を受けている姿を想像していた。

確かに、介護という言葉は他者からのサポートを受けるという印象が強い。

だが、ひとり介護の問題点も認知されるようになり、そのサポートには、多くの手が必要となっている。超高齢化時代に突入した今、介護する側とされる側の、人口バランスは崩れている。どんな素晴らしい理想論を掲げても、介護の担い手が不足しているのでは、よりよいお世話など望むべくもない。

そこで、私は考えた。

人に介護をしてもらう前に、自分で自分の介護をしてみようと。

まずは手始めとして、夜中の排泄はベッドのそばに置いたポータブルトイレを利用することにした。このことの利点は、トイレまで行かずに用を足すことができるので、万が一、寝ぼけ眼で何かにつまづいたり、ころんでケガをするという心配がない。それにベッドのそばに置いておくことで、寒い時期は体を冷やすことなく、すぐに寝床に戻れる。

そして、朝、しっかり目が覚めたら、自分で排泄物の処理をする。これぞまさしく、自分で自分を介護するということだ。

以前、義母の介護をしていたとき、夕食後の水分を取りたがらないことがあった。理由を聞くと夜中のトイレ通いが面倒だからと言う。しかしながら、水分補給は体にとって大事なこと。そこで、ベッドのそばにポータブルトイレを置き、さらに下着に付ける尿漏れ対処用のナプキンの利用を提案してみた。

その際、私が付けてみて、使い心地も説明した。すると、義母はすんなり納得して、夕食後の水分も好きなだけ取るようになった。ナプキンを付けたうえに、そばにポータブルトイレがあるという安心感から、とても良く眠れると言っていた。

今、私が使い始めたポータブルトイレは、その義母のお古である。かつてヒットした歌「トイレの神様」よろしく、お古をキレイに磨き上げた。今のところ、ベッドサイドに置いたポータブルトイレは排泄用というよりも、うがいをした水を吐くために使っている。のどがいがらっぽいとき、わざわざ洗面所に行くことなくうがいができるので、とても重宝している。

そうは言っても、元気で歩けるのに、ポータブルトイレなんて、と抵抗を感じる人も多いだろう。だが、いつ何時、何が起こるかわからない。

この私も、かつて脚のケガをしてベッドの上での排泄を余儀なくされたことがある。生きている以上、食べたものは排泄される。これは当たり前のことだが、トイレ以外での排泄という行為には恥ずかしさが伴う。そこで、恥ずかしさを消すにはどうしたらいいかを考えてみた。

この先、老いが進むと、体は意思どおりに動いてくれなくなる。尿意をもよおして、トイレに向かったものの、途中で粗相をしてしまうこともありえる。そんなとき「あぁー……」と嘆いて、自分を責めないために、体と心は別と考える訓練をするようにした。

このようにすると、切なさは消えていく。つまり、老いた体を心が見守ってあげるという方法だ。さらに、老いた体は思いどおりに動かないものだと割り切ってしまうと、その対処法もたちまち見つかる。

私達は、今後誰の世話になるかわからない。ときには、女性が男性ヘルパーさんに下の世話をしてもらうこともあるだろう。

だが、そんなときも体と心は別と考えるという意識をもつことができれば、「今、私の体は不自由なのだからお任せして、それより、何か楽しいことを考えていましょう」と思えるようになる。実際、私も、手術後、下の世話をしてもらったとき、この意識が役立った。

何事も、早めの準備は必要だ。突然のことに慌てふためいて驚くより、自分の体を労うことを心がけて、行動を起こしてみると、思わぬケガも回避できる。ころばぬ先の杖——自分で自分の介護を始めてみることをお勧めしたい。

## 7

# 老いの匂いは、懐かしい匂い

「しあわせだったなぁ」と思うことがある。それは祖父母との生活の中で、「老い」を間近に見ることができたからだ。病弱だった父は、私がものごころついたときから、入退院を繰り返していた。母が入院中の父に付き添っていたので、私は祖父母の世話になっていた。

祖父母の部屋は日当たりのいい二階だった。二階といっても、屋根裏に近い。剥き出しになっている太い梁《はり》のせいで、山小屋にいるような気分に浸っていたものだ。そんな部屋で、私はよく祖母と一緒の布団に寝た。階段を上ったところに、畳一枚ほどの板の間があり、夜になると、祖母はそこへ〝おまる〟を置いた。夜中に、雨が降ってきたのかなぁ、と寝ぼけ眼で辺りを見回すと、祖母がおまるでおしっこをしていた。当時のおまるはブリキでできていたので、祖母のおしっこが雨音のようによく響いた。祖母の下着は腰巻きだった。布団に戻った祖母が「幸子の足は冷たいねぇ」と言って、自分の足の間で温めてくれるのだが、雫を感じるときもあったりした。親と離れている私を不憫がって抱きしめてくれるときなど、その胸元から、祖母が発する匂いを感じたものだ。その匂いは、同居と介護が同時に始まった義母からも、感じられた。

老いの匂いは私にとって、懐かしい匂いだ。とは言うものの、今では時々、その匂いを自分から感じることがある。

「おっ、ようやく熟してきたな〜」

三世代が同居していた大家族のわが家の食卓は、シングルベッドサイズぐらいに大きかった。家族の中で、一番偉い人が祖父で座る場所も決まっていた。家族全員が食事をするときに、私は下座で、その向こうに祖父がいた。熱くて湯気の立つ味噌汁を好む祖父をふと見ると、「あぁ、垂れる……。垂れた……」。祖父の鼻水が味噌汁の入ったお椀に落ちた。威厳をたたえる祖父に対して、私に何か言えるはずもない。そのうち私は、あれは塩分を加えているのだ、と思うことにした。

そう思っていた私も、今、鼻水を垂らしながら味噌汁を飲むような歳になった。「老い」を知っているから、これも自然の摂理と落ち込むこともない。

杖をついて歩いている老人を見て「あれ、なあに?」と言った子どもがいるという話を聞いたときは、世も末だと思ったものだ。

「老い」を知ることで、優しさや労いの心が育まれ、自らの老いに対しても心構えができる。老いを知らないことは、親にとっても子どもにとっても不幸なことである。

## 8

# 葬儀費用自己負担〇円の家族葬計画

義母を看取り終わってまもない、ある日のこと。「私、以前、羽成さんの講演を聴かせてもらった者ですが……」という女性から電話が入った。「実は、今、母が亡くなったんですが、どうすればいいのですか？」と不安そうな声。

介護をきっかけに兄弟とは喧嘩別れをしてしまい、相談はできない。葬式を出すお金もない。途方にくれての電話だった。

私は義母を送ったばかりだったので、まだ記憶が新しかったこともあり、お骨にするまでの流れを彼女に説明すると、安心したようだった。

私の子どもの頃は、家族の誰かが亡くなると隣組のメンバーが寄り合い、煮炊きをして、葬儀の手伝いをした。まるで、お祭のように人が多く集まったものだ。

祖父母が亡くなったときも、葬式は自宅で行われた。町内会の女性達が割烹着姿でやってきて、我が家の台所や庭先で煮物をしたり酒の用意をする。男性は弔問客の受け付けや事務処理を担当。大勢の人の手を借りて葬儀が行われた。父のときは、通夜は自宅で行い告別式は寺だった。母のときは、通夜も告別式も葬儀会場を利用した。

時代は変わり、隣組のあり方も変わった。

さまざまな葬儀を見てきたので、自分はどう送ってほしいかを考えてみた。

私は、取りあえず、家で死ぬ予定ではいるが、最期の最期は病院になるかもしれない。そこで死亡診断書を出してもらう。子どもの誰かが役所に行って死亡届、火葬届を出して火葬許可書を取る。決まった火葬日に私を火葬場に運んで骨にする。火葬後に、火葬執行済印の押された火葬許可書が、同時に埋葬許可書となるので、あとは子ども達が都合のいい日に納骨すればいい。

火葬の際、火葬する日がすぐなら、病院から直行でもいいと思っているが、日にちがあくと自宅待機になる。病院から自宅までの遺体の搬送は、遺族が自分達で手配をすると言っても、病院お抱えの葬儀屋さんに頼まなくてはならない場合もある。それは仕方ない。

役所に死亡届を出すと、葬儀費一部負担金が出る。私が住んでいる地区では、義母のときは八万円だったが、今は五万円ほどだそうだ。でも、その五万円で私の葬儀をまかなう予定だ。

そのために私は、生きているうちに、予め、自分でできることはしておこうと思っている。まず、死んだら否応なくお棺に入る。そのお棺を生前に用意する。骨壺も自分で用意する。死装束も着やすいものを自分で作ろう。そうすれば、死んだあと必要となる経費は火葬場までの運び賃だけ。これぱっかりは、自家用車での搬送はダメらしいので、目立たないワゴン車を葬儀屋さんに頼む。その代金は役場から出るお金で十分事足りる。私を送るのは、家族だけがいい。今のところメンバーは一四人いるので、人手に不足はない。

葬儀費用自己負担〇円の家族葬。自分が参加できないのがちょっぴり、残念。

でも！　でも！　今何を言っても、死んだ人間には口出しができない。残った家族が、一番いい方法を選択してくれればいいとも思っている。

葬式はいらないと言った父親に従ったら、次から次へと弔問客が訪れ、対応に追われたので、これなら葬儀をしたほうがラクだったという商家の跡取りの嘆きを聞いたことがある。亡くなった人がそのとき置かれていた立場や、その後の関わりを考えると、やはり残った人間に任せたほうがいいとも言える。

また、長く病んでいた妻が亡くなり、盛大な葬儀を出したあと、多額な借金が残り、自分の家を人手に渡したという男性もいる。

まぁ、うちの夫は大丈夫だと思うが、そうならないためにも、夫が私より、一日でも先に逝くことを祈っている。

9

# お墓の購入で、気分がスッキリ

「お墓がほしい」と私が痛切に思ったのは、義母の介護が始まってから、もうすぐ一年という頃だった、それまで、祖父母や父の介護を経験していた私だが、夫の母親という、いわば他人の介護は初めてだった。

同居と介護が同時だったので、あれこれ慮っても、義母の気持ちがわからないことが多かった。そのため、義母の人生を知ることが、義母を理解する早道だと思い、毎日、何時間も話しをした。

それでも、「お通じある？」と聞くと、「あんなものは、一〇日に一度出ればいい」と答える。ああ言えばこう言うやりとりに、当惑し、それを夫にぶつけても、「自分は若いときに家を出たから、母親のことはわからない」と相談にも乗ってくれない。当時、四人の子どもは十歳、十二歳、十四歳、十六歳と多感な時期だった。毎日が時間に追われて、終い風呂でよく居眠りをしたり、言いようのない虚しさから湯船の中で泣いたこともあった。

泣いても、笑っても一日が始まる。朝四時から食事の支度と弁当作り。糖尿病の夫のためカロリー計算も欠かせない。一日八時間以上、台所に立っていただろうか。

そんな毎日の繰り返しの中にいたので、強烈な支えがほしかった。苦しさの中でふと思いついたのが、お墓の購入だった。決してこの世からいなくなりたいと思ったわけではなく、ただ気持ちの拠り所がほしかったのだ。

すると新聞の折り込み広告の中に、公園墓地の案内を見つけた。「よし、これを買おう」と、夫に「ほしいものがあるんだけど」と言うと、「家にある金で買えるものならどうぞ」と言う。早速、〝お墓屋さん〟に電話したところ、電話でお墓を買う人はいまだかつていなかったという。「お金はあまりないので、払える金額のお墓をひとつください」と伝えると、パンフレットを持って飛んできた。

営業マンにお勧めを訊くと、高台にあり、劇場の大向《おおむこ》うのような場所にたつ墓地を指した。死んでいるとはいえ、日当たりがよく、山が見えるのは悪くないと、現地に出向くことなく即答した。

その後、墓地が整ったと連絡を受け見に行くと、お勧めどおりロケーションがいい。右隣が青山さん。左隣は空いていた。果たして誰がお隣さんになるのか。

かくして私は四十四歳でいずれ自分の遺骨が入る場所を確保した。

この行動は私を元気にした。気持ちがスッキリしたのである。今も、あの時、いい買い物をしたなぁと思っている。

## 10

# 金は時なり——三〇分間を濃密な時間にする

Time is money. 時間はお金と同じように大切なものだから、無駄にしてはいけない。私においては、十代から介護が始まり、やがて結婚、介護に子育ても加わり、まさに時間との闘いの日々が続いた。時には、時間を買うという手段も取り入れた。

特売の商品を買いこむ。そこでバス代とタクシー代を考えるのだが、時間がほしいときは、ためらわず、タクシーを利用した。時間を買ったのである。

三〇分早く家に着く。三〇分という時間は多くのことができる時間だ。洗濯機を回しながら、炊飯器のスイッチを入れ、煮物の鍋をガスコンロにかける。掃除機を動かしながら、唄を歌う。文明の利器は主婦達に労働の簡素化をプレゼントしてくれた。

掃除終了。音楽を流し、煮物の出来具合を見ながら、読みかけの本を台所で読む。その後、ゆっくりコーヒータイム。友人への手紙を書いていると、まもなく炊きあがったご飯の匂いが漂ってくる。

五感をフル回転させた三〇分間は、なんと濃密な時間であろうか。これだけのことができれば、タクシー代は惜しくない。

時間に追いかけられると、ストレスとなるが、時間のつかい手になると、生きるエネルギーが増す。しみじみと、ああ、三〇分を重ねた時間が今の私をつくったのだなあ、と思うのだ。

さらに、時間と遊ぶコツも手に入れた。隠居状態が訪れた今、孫の世話が生活の中に組み込まれたが、上手に時間をやり繰りすれば、自由な時間を手に入れることができる。この時間にあれこれ工夫を考えることがまた、とても楽しい。

節電が奨励されている。いいことだ。なにも家中温めなくても、家族が集まるところだけ温めて、電気をつければいい。家族がいないのであれば部屋の中が寒くても、自分の体を温めればいい。では、どうやって温めるか。私の急所は背中にある。寒く

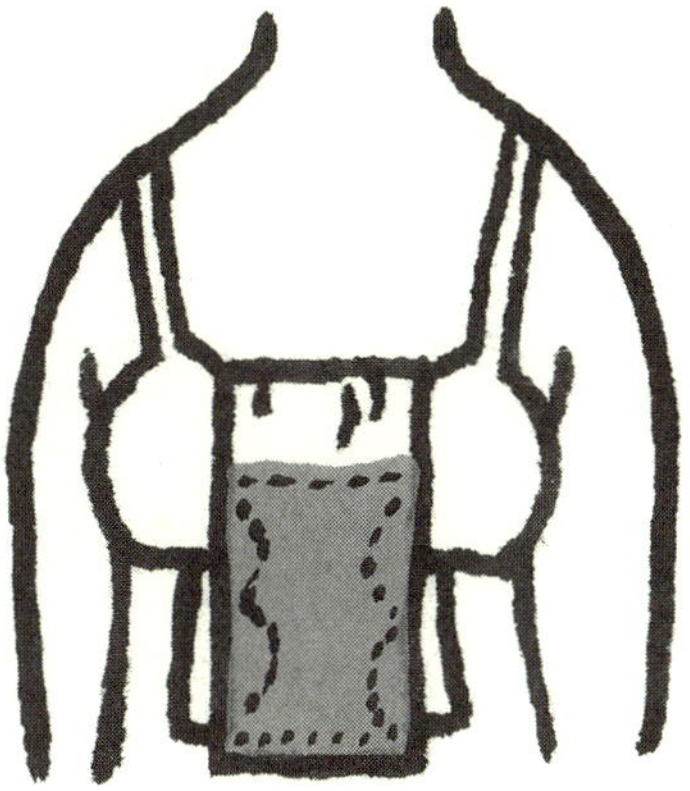

なると、下着の上に、使い捨てカイロを貼るのが常だった。毎冬、使い終わったカイロが山のように出る。そこで、ゴミの出ない、私に合ったカイロの代用品を作ることはできないものかと考えた。

そこで思いついたのが「背中のれん」である。ガーゼ地を使い捨てカイロと同じくらいの大きさに切って何枚か合わせたものをふたつ作り、それを布でつないで、ブラジャーの背中の紐に掛けるというものだ。掛けたとき、布が背中で重なるので、〝ほんわか〟と温かい。それに薄地なので目立たない。これは、お腹のあたりが冷えたときは、前にも掛けられる。この「背中のれん」のおかげで、カイロ代とゴミがなくなった。

お金を使って時間をつくれば、アイデアを形にすることができる。まさに、これぞ「金は時なり」。

## 11

# 求む！　特技のあるボランティア

以前、ボランティアでデイサービスの施設に出向いたことがある。送迎車に乗った利用者が次々と施設の中に入ってくる。まずは、ひとりひとりにお茶を出す。大きなテーブルを前にずらり並んだ利用者。お茶出しが終わると話し相手に。利用者同士で楽しそうにおしゃべりしている人もいれば、テーブルの隅でぽつんとしている人もいる。

「あの方は、何もしゃべらないの」と職員から聞いた人は、テーブルから離れた椅子に腰掛けてうつむいていた。身なりの整った上品な女性だ。私は「お茶のお代わりいかがですか？」と言って近づいた。職員の言ったとおり、首を横に振っただけで、しゃべらない。しゃべらなくても側にいようと思った私は、さりげなく彼女の横に腰を下ろした。

私もお茶を一口飲んだあと、「何かお稽古なさっていましたか?」と聞いてみた。すると、少し顔を上げて、「お・ど・り」と言ったのだ。私はとっさに、長唄のひとつを、口三味線で歌ってみた。顔をほころばせた彼女は「あなた、それ知ってるの?」と聞くので、「この踊りだけは踊れます」と答えると、「あなた、この踊りが基本なのよ」と私のほうに、向きを変えた。しばし、踊り談義に花が咲く。「しゃべらない」と言った職員と目が合うと驚いた顔をしていた。

やがて、お茶の時間が終わると、入浴になる。私の仕事は話し相手から、入浴後の利用者の髪をドライヤーで乾かす役に変わった。「気持ちいいわー」と言った女性利用者が私の耳元で呟いた。

「私ね、認知症にされて、ここに預けられているの。ふ、ふ、ふ」

ほぼ四人にひとりが六十五歳以上だという超高齢化時代の現代。あちこちに施設はできているものの、利用者にきめ細やかな対応をするには、スタッフの人員が追いつかない。

そこで、私は考えた。特技のある人に家に来てもらう。何かを教えてもらうために、誰かに来てもらう。まぁ、言うなれば、家庭教師のようなかたちで、自分が習ってみたいことを教えにきてもらう方法だ。

踊りの話で盛り上がったように、自分の趣味や興味のあることならば話はつきず、元気になれる。体が不自由になっても、気持ちは元気でいたい。「デイサービスの出前」。考えるだけでもなんだか、楽しくなってきた。

ヨーシ、特技のあるボランティアを見つけよう。

12

# 早め、早めのSOSが迷惑防止策

多くの人が、年老いても人に迷惑をかけたくないと言う。だが、迷惑をかけたくないと言う人ほど迷惑をかけるものだ。迷惑にもかけ方がある。高齢者の自立とは何でも自分で、ではなく、できないことを人に頼むことができることだ。

私達の世代は祖父母や親から常々、「人様に迷惑をかけてはいけない」と言われて育ってきた。親世代には、迷惑をかけることは人の道にそれるという道徳的教育がしみ込んでいる。

だから、「自分が老いても、人に迷惑をかけたくない」という思いを強くもっている。

私の母も人に迷惑をかけることをとても嫌う人だった。その母が病気になった。それでも、迷惑をかけたくないと、子ども達に遠慮をしていた。だが、この遠慮こそが、大きな迷惑を生む。

母は病気のつらさを我慢した。我慢をしても、病気は進む。そして突然倒れ、入院、検査。子どもに連絡が入る。驚いて駆けつけ、症状が落ち着いた母と会う。母は言う。

「ごめんね。忙しいのに、迷惑をかけて……」と。

退院した母に話をした。病気があるのはわかっているのだから、我慢しないでほしい。体調の変化に気づいたら、早めに子どもに連絡すれば、誰かが病院に付き添っていける。我慢をして急に倒れると、すぐに対応できないので、一番困る。通院日がはっきりしていれば、子どものほうも予定が組めるのだから、と。

本当に人に迷惑をかけたくないのであれば、早め、早めのSOSが、事態を悪化させないことにつながる。

# 第2章
# 介護に役立つ知恵

介護が大変なことは
決まっている。
でも、どんなピンチも、
アイデアとユーモアで
乗り越えてほしい。

## 13

# 隙間時間は、自立のための学校

「親の介護が始まったら、友達と疎遠になってしまったわ」という声をよく聞く。楽しみにしていたお出かけの約束や、旅行の予定を入れていた日に、親の急な発熱などによってキャンセルせざるをえないことも、度々起こるであろう。

そうすると、次第に約束することが怖くなり、友達付き合いも遠のいてしまうという介護者は多い。

私も義母の介護が始まってからは、確かに約束がしづらくなった。でも、その反面、義理付き合いから解放されたという思いも芽生えた。断る際に介護を理由にすると、「仕方ないわよね」とすんなり受け入れてもらえたからだ。

一時期、意識的に自分の予定を一切入れなかったことがある。理由は、介護に専念するためだった。集中することによって介護生活のリズムをつくりたかったのだ。義母の食事、排泄、入浴、睡眠など、一日のリズムをつかめば、どこかに時間の隙間が見つけられるのではないか。そこに自分のためにつかう時間を当てようと考えた。

やがて、義母の生活リズムが見えてきた。体は正直だ。リズムを守れば、体調も崩れない。そこでさらに、義母の一日の生活パターンを図表化した。そうすることで、家族に見ていてもらえる時間が浮かび上がってきた。

限られた時間のため、人との約束はしづらいものの、一人で自由に動ける。介護の隙間にボランティアも可能になったので、朝のおしめを換えてから、次の交換までの間、近くの公民館で保育ボランティアに出かける。若いお母さん達が講座を受講している際に、幼児の世話をするのだが、それほど長い時間ではないので、じゅうぶん協力できた。

介護の隙間に自分の時間を入れる。一人で動く、一人の時間。介護が、自立のための学校だと思えてくる。

群れないことに慣れてくると、連れのいない気楽さも感じられ、出先で出会った人と気楽に話ができるようになるものだ。その場だけのかかわりなので案外、本音で語り合えたりする。

一人で行動できるようになれば、限られた時間の中でも、映画にも行ける。一人だから、途中で帰ることもできるので、半分だけ観て、あとの半分は次にと、つなげれば全編観たということになる。

美術館へも、隙間時間を逃さず、観たい絵だけを観て帰ってくる。時間との真剣勝負だ。束縛の中で得る自分のための自由時間だからこそ、その時、観たもの、聞いたことの印象が強く残る。

介護が始まったら、介護だけで終わる一日にならないように、何とか自分の自由時間を創り出そう。それは必ず、自分をしなやかに強くするはずだ。

## 14

# 一年ごとの契約更新、介護カード発行

子育てと違って、終わりが見えないのが介護である。

子どもは一歳になる頃には歩き出し、あっという間に、保育園や幼稚園に通うようになる。何より、自分でできることが、一つずつ増えていく。

ところが、少しずつ自分でできないことが増えていくのが、介護される人である。機能の衰えとともに介護者の負担も増えていき、しかも終わりが見えない。

そこで私は、介護に期限をつければ、精神的に少しはラクになるのではないかと考え、義母の介護中に実行した。運転免許証にも、パスポートにも有効期限がある。介護にもこれを応用すればいいのではないかと。

「本日より一年間、おばあちゃんの介護を精一杯、行います」という言葉を書いたカードをつくり、義母に見せたのだ。これを一年ごとに更新する。このアイデアは、義母にはよく理解できなかったようだが、私にとっては、ずいぶんと気持ちがラクになった。

これから先一〇年続くかもしれない介護も、一年ごとに契約更新とすることで、そのつど気持ちを切り替えられる。ということよりも、先の見えない介護生活に、せめて気持ちのうえでどこかでピリオドを打ちながら、かかわり合っていくという、切ないもがきと抵抗と、発奮でもあったのだ。

さらに、私は「決まり事」をつくった。例えば、義母の粗相の始末をしたその週末は、歌舞伎を観に行くという自分へのご褒美を決めたのである。粗相の数に比例して、自分の芝居見物の回数も増える。幸い義母も歌舞伎が大好きで、若い頃は歌舞伎座でアルバイト経験があった。たっぷりと観劇を楽しんだ私が義母に、その日の演目を話すと、「あんたの話、おもしろい。また行っておいでよ」とよく言われたものだった。

介護中は、気が滅入るものである。だからこそ、たくさんのご褒美も必要なのだ。

介護者の中には、自分が楽しいことをすることに罪悪感を感じる人もいるという。でも、大変な介護だからこそ、その何倍も楽しいことを自分に与えることで、バランスが取れるというものだ。

そして、周りにいる人も介護者に少しでも協力し、時間のプレゼントをしてあげてほしい。

あの手、この手で自分を奮い立たせ、介護と向き合う。向き合うことをあきらめないためにも、自分を喜ばせてあげよう。

## 15

# 介護から逃げ出したくなったら

八時間労働とはよく言ったものだ。人間、そこそこ機嫌よく働くことができるのは、始まりと終わりがあるからだ。

ところが、在宅での介護だけは二四時間、一時も頭の中から意識が消えることがない。介護も八時間交代、三人で行なうことができれば、ずいぶん負担も軽減するが、多くの場合、ひとりの人が担っていることだろう。

私も義母の介護をひとりでしていたので、夕方四時近くなると、顔も見るのもイヤという状態がやってくる。イヤだと思うことを我慢していると、顔がだんだん険しくなる。そこで、そうなる前の対処法を考えた。

もう、限界と感じたら、着けていたエプロンを放り出して家を出る。ミニ家出敢行だ。空を見上げて、辺りを見回し、束の間の散歩を楽しむ。一五分も歩いていると、少し気持ちが落ち着いてくる。

そして家に戻り、夕方からの闘いにのぞみ、家族七人分の食事作りのために台所に立つ。

そんな日々の中で、義母の介護と実母の入院が重なった。母のもとへ様子を見に行きたいが、義母を置いていくわけにいかない。それを察した、当時、高校生だった娘が「お母さん、行ってらっしゃいよ。私が学校を休んで、おばあちゃんを見ているから」と言ってくれた。私のかわりがどれほど大変か、娘に託すのはしのびない。でも、母のことも気がかりだったので、思いきって、義母の世話を頼むことにした。

一日の流れを事細かに書き出し、その中に、「夕方になると、おばあちゃんの顔も見たくなくなるので、何でもいいから自分の好きなことをすること」という一文を加え、そこに赤丸をつけた。

娘のおかげで、二泊も母のところにいることができた。帰宅すると娘が、「あの赤丸、本当だった。お母さんは、こんな大変なことを毎日のようにしていたのね」と言ってくれた。わかってくれる人がいるということは、なんと気持ちが晴れるものか。

人生というものは、さまざまな試練の連続だ。中でも介護ほど厳しい試練はないだろう。自分の命を守りながら、もうひとりの命を背負うという、重いかかわりが介護なのだから。

逃げ出したくなるのも当然である。ミニ家出敢行。逃げ出すことを繰り返すうちに、その場を離れなくても、気持ちだけ逃げ出すことができるようになれば、しめたものである。

## 16

# 右のポケットにアイデア、左のポケットにユーモア

子どもの頃から何かと工夫をするのが好きだった私は、十代の後半には、「アイデアお嬢さん」などと称され、テレビ出演や新聞取材も受け、マスコミのネタとして重宝がられた。調子に乗った私は、自分のキャッチフレーズをつくった。

「右のポケットにアイデア、左のポケットにユーモア。これが私の全財産！」

思うに私は、この言葉とともに生きてきた。どんなピンチも、アイデアとユーモアという武器があれば、乗り越えられる。

アイデアを考えることが面白いと思うと、次々にわいてくる。実行してみて失敗したら、次を考える。すると思わぬアイデアがわいてくるものだ。

今は亡き義母に「面倒くさがり病」という病名を付けたことがあった。というのは、歩けるのに散歩を嫌う。理由を聞けば「シミができるから」。お風呂に誘うと「垢では死なない」。要するに、体を動かしたくないのである。

「面倒くさがり病」と闘って勝利を得るには、アイデアが必要だ。

ある日の昼下がり——。

「おばあちゃん、クレオパトラにしてあげる」

「なんだ、そのクレオパトラってのは？」

「お姫さまよ」

お姫さまという言葉に見事反応した義母は、私に促されるままに、浴室に足を運んだ。そのときに私は、庭に咲いた赤いバラの花びらをエプロンのポケットに忍ばせていた。

義母が湯船につかった瞬間、ポケットの花びらを義母の頭の上にまいた。肩や胸、そして湯船にひらひらと花びらが舞う。

「あらーっ!!」と義母の顔が輝いた。陽《ひ》の光がさらに、バラの花びらを引き立たせた。

映画のワンシーンを真似たこの作戦は大成功。湯船でうっとりと、花びらを掬っている義母に向かって、「おばあちゃん、あの世は蓮の花よ」と軽いジャブを入れると、「そうかい、そりゃ楽しみだ」と切りかえされ、二人で大笑いした。

そのうち、歩くこともおぼつかなくなった義母は、家の中でも杖を使い始めた。その杖に、私は「転ばないお守りよ」と鈴を付けた。義母が歩くと鈴の音が聞こえてくるので、動きがキャッチできる。夜、義母がトイレに行く際にも、私は別室で布団に入ったまま、歩く様子がわかり、鈴の音は頼りになるヘルパーとなった。

「トイレまで行くのが間に合わなかったら、これを使ってね」と、ベッドのそばにポータブルトイレを置いたことがあった。

ところがこれは失敗。「面倒くさがり病」が治ったわけではなかったので、トイレまで行くことを全くやめてしまったのだ。散歩が嫌い、動くことも嫌いという義母の唯一の運動が、トイレ通いだったというのに。さて、困った。そこで私は、また考えた。

義母が寝ている間に、ポータブルトイレに水を張り花を活けた。目を覚ました義母の様子を見ていると、ベッドに腰かけたままポータブルトイレの蓋を開けた。そして

第一声、「この花の上に、おしっこしちゃまずいなぁ」。もちろん、この後は、再び、トイレ通いを始めてくれたのであった。

ただ、粗相を気にするあまり、夜中に何回もトイレに行って、ころんだりしたら大ごととなる。そうなると、おしめを使うほうが安心ということもある。体調に合わせて、おしめの利用を勧めてみた。

「おばあちゃん、おしめは老眼鏡と同じだと思えばいいのよ」と言い、実際に、私がおしめをして使い心地を説明すると、すんなりと受け入れてくれた。お蔭で、二人とも朝までグッスリ眠ることができた。

介護においてのベストな対応は、その時々で変わってくる。どんなときでもアイデアとユーモアを忘れなければ、笑える場面はあちこちに散らばっている。

# 17

# 工夫は不便を超える、不便は体にいい

介護を始めるに当たって、まずはバリアフリー化を思い浮かべる人が多いのではないだろうか。それにともない、家の中のリフォームを考える人もいるだろう。

あるお宅で、母親が認知症になったというので、家の中のあちこちに、人の動きをキャッチすると音が出る装置を付けた。これで外への徘徊は防止できる、やれやれと思っていたが、動くのは母親だけではなく、家族も動く。一日中、ピーピーと鳴る音に、家族みんながノイローゼぎみになったとか。

介護への不安もあり、介護が始まる前に、あれこれ、用意する人もいるだろう。だが、私に言わせれば、始まってから考えればいい。

私の父は四十五歳で歩くことのできない一級の身体障害者になった。当時、私は二十歳。私の家はすべて畳の部屋で、歩けない父は、四つん這いになって、赤ん坊がするハイハイをして移動した。でもそれがわが家では当たり前だった。

私が結婚して、四人の子どもを連れて里帰りをしたときも父は同じように、ハイハイをしていた。ハイハイをして、父がトイレに向かう。その後ろを、子ども達が真似をして、ハイハイをする。父を先頭に、五人のハイハイ行列が始まる。父が後ろを振り向いて「バカヤローお前達、ついてくるな」とふざけて言うと、子ども達はさらに喜ぶ。

移動途中に、父が胡座《あぐら》をかくように座り、子ども達に面白い話をする。話の続きを聞きたい子ども達はトイレの前までついていくのだが、そこで父は「お前達そこで待ってろ」と命令を下す。言われた子ども達は全員、トイレの前に正座をして、父が出てくるのを待っていたものだった。

父のハイハイは、わが家を訪れる人にとっても見慣れた情景だった。わが家は、父にとっては不便な家だったかもしれないが、その不便さが運動になっていた。また、一緒に絵を描く仲間が大勢いたので、日帰りのスケッチ旅行には仲間におんぶされ、尿瓶を持参しマイクロバスで出かけたりしていた。

バリアフリーって何だろう。不便さって何だろうと、考える。

私の場合、義母の介護と同居が始まったとき、手すりを付けたが、それ以外は何も手を加えなかった。ベッドも、子ども達が使った二段ベッドを分解して一段にしたら、義母が使うには高さが丁度よかった。

義母の入浴時も、ころばないように、木製の湯かき回し棒を移動できる手すりとして利用した。固定されていないので、義母の動きに合わせられるのが便利だった。

工夫は不便を超える、不便は体にいい。介護のはじめの一歩は、心のバリアフリーから。

## 18

# 寝たきり体操で、体力低下予防

寝たきりになったら、人から世話を受けるだけで、何もできないと思っている人は多いのではないだろうか。でも、できることはたくさんある。

義母は寝たきり状態に憧れていた。何でもしてもらえることを望んでいた。体にとって一番いいのは寝ていること。体を動かすことは悪であり、静かに寝ていることが善だと思っていたのである。義母がそう言う背景には、過酷な農作業体験があったからだと理解はしたが、何しろ体は正直、動かないと動けなくなってしまう。

同居したての頃は、杖をつけば歩ける状態だったので、散歩に連れ出す手立てをあれこれ考え試みた。

「家の周りだけでも歩いてみようよ」という誘いを渋々承知し、当時、小学生だった三女と一緒に散歩に出た。帰ってきた義母が一言。

「用事もないのに歩きたくない」

確かに毎日、毎日、仕事に追われ自分の時間など皆無だった義母にとって、目的もなく歩くことは無意味なことだったのだろう。人が人を受け入れるということはたやすいことではない。生きている中で培われた価値観や習慣を丸ごと受け入れなければならない。散歩ひとつとっても、考え方が違う。だからといって介護から逃げるわけにもいかない。ぶつかりながらも乗り越えていくしかないのだ。

義母と同居してから五年後のこと、歩いていてバランスを崩し大腿骨を骨折してしまった。骨が弱くなっているので手術ができず、二か月の入院後、退院したがそのまま寝たきりとなった。寝たきりといっても、手は動くし、口もきける。動くところはすべて動かしてもらおうと決めた。

朝、台所で七人分の食事と五人分の弁当を作りながら、隣の部屋で寝ている義母に号令をかける。

「おばあちゃん、寝たきり体操を始めますよ！　ハイ、1、2、3、4！」

ベッドの上で両手を上げる義母。

「次は、しがみつき体操ですよ。はい、頑張って！」

転落防止柵を両手で握りしめる。

「さぁ、次は目を動かしてね。はい、キョロキョロ」

と、こんなふうに動くところは、どこでも動かしてもらったが、その効果は絶大だった。おしめ交換時は両手で柵を握ってもらえば、こちらもラクに取り換えられた。最期まで握力が低下しなかったので、箸を持つことができた。

また、痰が出るのでティッシュペーパーの使用頻度が高い。枕元に置いているが、ベッドからその箱がよく落ちる。そのつど、私が拾い上げていたが、それを義母にしてもらうことを思いついた。箱の隅に穴を開けて紐を通す。落ちるたびに紐をベッドの上まで手繰り寄せてもらった。これは腕の筋肉を維持することに役立った。

さらにベッドの足元にある柵に、団子のように結び目をいくつも作った太目の紐をくくり付けた。食事時に体を起こしてもらうために考えたことだ。紐の団子部分をひとつずつ摑みながら、自分の体を起こす。手と同時に腹筋も使うので、便通を整えるのにも効果があった。

耳は遠かったが、しゃべることはできるので、学校から帰った子どもたちに伝言と留守番を頼み、私は稽古事に出かけることができた。

しかしながら、一度、サトイモの皮むきをお願いしたところ、包丁を持ったまま居眠りが始まったため、これは危険とすぐやめにした。だが、居眠りOKで頼んだのが、洗濯ものたたみ。

体は動かすと、どんどん動くようになる。残っている機能を使わないのはもったいない。義母は思っていたに違いない。「寝たきりでも毎日、けっこう忙しい」と。

# 19

# 無責任な外野が、介護の現場を荒らす

介護をしながら、いつも考えていたのは「介護におけるやさしさってなんだろう」ということだった。

「あの人、やさしい人よね。私の好物を覚えていて、持ってきてくれたのよ」

「私の好きな花を届けてくれたあの方、やさしいわね」

人に見えるもの、喜ぶことをしてくれる人をやさしい人という。ところが、好物も口に入れればやがて便になる。どんなにキレイな花も枯れれば臭くなるものだ。それを処理するのが介護をしている人である。陰で行われていることなのでスポットライトは当たらない。でも、この行為が究極のやさしさだと思っている。食べ物を持っていくことは表面的なやさしさで、食べたものの処理にこそ、深いやさしさがある。

時折、母親の好物をたくさん抱え喜ばせて帰る娘がいる。母親の介護をしているのは娘の妹。母親は、たまに来てはやさしく接してくれる長女を笑顔で迎える。帰っていったあとに、「あの子はあんなにやさしいのに、あなたは私を怒ってばかり」と不満をもらす。糖尿病を患い生活指導を受けていることを知りながら、姉は母親を喜ばせて帰る。無責任極まりない外野の行為だ。これでは、妹もやりきれない。

姉は、妹に介護を委ねているのだから、持ってきた物をまずは妹に渡して、食べさせるかどうか指示を受けるべきである。もし、姉が態度を改めないならば、妹は、一度、姉に母親の介護を体験してもらうといい。多分、たちまち喧嘩別れをして、舞い戻るだろう。そこで初めて、妹のありがたみがわかるというものだ。

介護には命を守る責任が伴う。生半可なやさしさでは務まらない。かように無責任な外野が、介護の現場を荒らすケースが多い。

介護を家族の誰かに委ねている人にお願いしたい。好物を持ってたまに訪れるより、月に一回でもいい、爪を切りに行ってほしい。そのときには、風呂場とトイレ掃除もしよう。また、たとえ半日でもいいから介護を引き受け、介護者に自由時間をプレゼントしよう。もちろん、介護者の指示を守ることが必須だ。介護リズムが狂ってしまうと、元に戻すことは容易ではないことも覚えておいてほしい。

こうして、介護協力をすれば、看取ったあとには共に達成感を共有できるだろう。介護者への感謝を周りの人間は忘れてならない。

## 20

# 私の人生、主人公は私

私の持論に「介護道」という考え方がある。

この道には、たくさんの落とし穴がある。まず、介護者の多くが陥る「どうして、私だけが介護をしなければならないの」という穴。さらに「自分の親なのに、どうして手伝ってくれないの」、「どうして、親戚なのにそっぽを向いているの」、「おじいちゃんは、どうしてあんなに頑固なの」、「おばあちゃんて、意地悪ね」などと、落ちる穴の数は無数にある。その穴の中に入ってしまうとなかなか出られない。出られないまま、自分の命を絶ってしまう人もいるという現実もあって、あまりにも切ない。

そこで、その穴に落ちない方法を考えた。それは、道幅を広げることだ。広がれば、穴を避けて通れるからだ。

広げた所に、自分の人生を敷きつめる。人生といっても難しく考えることはない。自分の好きなことをするのが人生なのだから、絵を描くことが好きだったら絵を、唄を歌うことが好きだったらカラオケを楽しむ。介護をしているからと言って、好きなことをあきらめないでほしい。

介護はゴールの見えないマラソンだ。介護が終わってから、何かを始めようと思っても、そのときの体力や感性は、大半の人が衰えている。だから、介護と同時進行で自分の人生も大切にしたいものだ。

と、そうは言っても、体が疲れると、絵筆もマイクも持ちたくなくなる。そうすると、また、あの穴に入ってしまう。そこで、穴に蓋ができないものかと考えた。

私が何で蓋をしたかというと、「自分の死」だ。これは決して自殺などというものではない。介護する人、される人、今という瞬間においては、生と死、条件は同じである。もしかしたら私のほうが先に逝くかもしれない。そう考えると、私がいなくなったあと、義母の介護を委ねられる人がいないと、義母の人生もつぶしてしまうことになる。

そこで、私は義母に「ずーっと、おばあちゃんの世話をしてあげたいけど、私が先に死ぬ可能性もあるから、少し外の人の手も借りたいの」と言うと、「そうだな」と言って、ショートステイを利用してくれた。

私が死なないまでも、もしかしたら病気で入院するかもしれない。そのとき、困るのは義母自身だ。義母の体の具合や食べ物の好みを、私以外の人に知っておいてもらえれば、義母の人生はつぶれない。

ショートステイのことを義母は「会社に行く」という表現をした。会社から帰ってくると「片ほうの手が不自由な人がいたけど、動くほうの手で食事をしていた」「脚が不自由でも杖をついて上手に歩いている人がいた」と私に報告をしては、「私も、あんたの言うとおり、もう少し頑張って歩いておけばよかったぁ」と、かつて寝たきりに憧れていた自分を悔いたのである。

介護は、介護する人とされる人の二人三脚だ。上手にゴールを目指すには、お互いの人生を尊重することが必要だ。

## 21

# 一生懸命生きた人へのご褒美

一時、「介護の達人」などと称され、テレビやラジオで私流介護法を紹介しては、重宝がられていた。介護を経験した話が人様の役に立つとは、介護中は少しも思わなかった。人生とは奇妙なものである。

あるラジオ局の二時間番組に出ていたとき、パーソナリティから「羽成さんは死をどのようにとらえていますか?」と聞かれたので、「病気で亡くなっても、歳を取って亡くなっても、死は一生懸命生きた人に与えられるご褒美だと思っています」と答えた。すると間もなく、リスナーから「ご褒美とはいいですね」というコメントがラジオ局に届いた。寝たきりの方からだった。

人間はそう簡単には死にたどりつけない。不自由な体を恨んで「死にたい、死にたい」と叫んだところで、死はやってはこない。どんなに体が不自由でも「生きる、生きる」と命を燃やさなければ、私達は死ねないのである。

寝たきりだった義母は一度も「死にたい」とは言わなかった。

義母の同居と介護が同時に始まってから一週間目、私は義母に祖父母や父が旅立つまでの様子を話した。

義母との会話の中に死という言葉を私は隠し味のように取り入れた。

例えば、義母が食事を摂りたくないと言ったときの理由はさまざまである。まずは体調が悪いときだ。それは観察すればすぐわかる。眠気がきて食べるのが面倒臭いと思っているようなときもあり、そんなときは、食事時間を少しずらす。

問題は、機嫌を損ねているときだ。人間の心は揺れ動く。ときには、お臍の位置がずれることもある。「食べたくない」という義母の言葉には、とくに私の切り札が功を奏す。

「おばあちゃん、明日死ぬというのなら食べなくてもいいわよ。でも、こればっかりはわからない。食べないと力が出なくて、お箸も持てなくなる。それに便が滞る。うんちが出ないとそれこそ大変。私が手でかき出さなくてはならないの。おばあちゃんだってイヤでしょ。だから、しっかり食べようよ」

勿論、義母はうなずいたのだった。

この「明日死ぬというなら」という言葉は言い換えれば、「今日を精一杯生きましょう」という意味だ。死という言葉はカンフル剤のようによく効くのである。

私の大好きなやりとりがある。認知症の母親を介護している娘さんがいた。その母親が自分の排泄物を引き出しにしまったり風呂敷に包んだりする。我慢も限界。思わず母親に向かって「お母さん、死んでよ！」と叫ぶ。するとそのお母さん、ジロリと娘を睨んで「お前も一緒に連れていく！」。

このやりとりのことを聞いて、これでいい、これでいいと思ったものだ。言われたら返す。これが会話だ。言われたままだとイジメと取られてしまうが、しっかり返せば、会話になる。「私、負けたわ」、苦笑いをする娘さんがまたいい。

私も、言うことを聞いてくれない義母に、「おばちゃんの世話をするのは、もうイ

ヤになっちゃった」と言ったことがある。すると、これまた義母の切り返しは見事だった。

「あんた、あたしだったら、三日で逃げ出すわよ」

あるとき、「おばあちゃん、死んだら骨をどこに埋めてほしい？」と聞いたことがある。すると義母は「テレビの横にでも置いてくれればいいわよ」と言うので、「掃除をするのにじゃまよ」と答えると、「そうか」と言ってふたりで笑い転げたこともあった。

「おばあちゃん、この肉付きではまだまだ死ねないわよ」と、発破をかけたこともある。

私は、介護中、死をネタにしたジョークにだいぶ助けられた。

「死はご褒美」——一生懸命生きた証だ。

私へのご褒美もいずれもらえることだろう。

# 第3章

# それでも笑顔でいるために

命を守る闘いが愛。
介護することが
辛くなることも、
逃げ出したくなる
こともあるだろう。
そんなときには……。

22

# イヤにならない介護などない

以前、中学生に向けて自分の介護経験を話したことがある。中一から中三まで約八〇〇人。講演後、二年生の男子から質問を受けた。

「五人も介護してきて、イヤになったことはありませんか？」

即座に「毎日、イヤになっていました」と答えた。

そして、それでも向き合うのはなぜかを説明した。目の前に、自分のことが自分でできなくなった家族がいる。誰かの助けを受けなければ、生きていけない。向き合いたくなくても、家族からは逃げられない。

イヤでも向き合う。自分との闘いで、このイヤでも向き合うことができたら、間違いなく成長していると思っていい。

これは家族だけでなく、友達に対しても言える。イヤだから口をきかない。イヤだけどしゃべる。イヤな人を無理やり好きになることはないが、普通に話ができれば、それは大人になっているということ。そういう人が多ければ、いじめはおきない。会場はシーンとなった。

父親の介護が辛くて仕方がないという娘さんに会った。自分が子どもだった頃、父にはけなされるばかりでほめてもらったことなどない。父親の面倒をみていると、その頃のことを思い出して毎日が苦しいという。そこで「自分の父親だと思うと辛いから、日本のおじいさんだと思ったらどうですか？」と言ってみた。

日本のおじいさんと思えたら、子どもが親を超えたことになる。イヤにならない介護などないのだから、見方を変えることもお勧めする。

## 23

# とどのつまり、排泄物の処理に尽きる

父親が鼻水を垂らしただけで、認知症になったと、病院に駆け込んだ娘さんがいる。まさかとは思ったが、離れて暮らし、たまに親の顔を見に行くという状態では、ちょっとした変化にもあたふたするのかもしれない。

また、何年も家を離れていた息子が、久しぶりに母親のもとに帰った。母親はしげしげと息子の顔を見るなり、「どちらさまですか？」と首を傾げる。そう言われた息子は、「母親は認知症になった」と嘆いたという話も聞いた。

これを聞いて、ずいぶんと簡単に認知症との判断を下すものだと驚いた。

長く家を離れていた息子である。かつてフサフサだった髪も、歳とともにすっかり抜け落ちたり、白髪になったりする。頻繁に母親のもとを訪れていれば、変化もゆるやかで、見間違うこともないだろうが、久しぶりの帰郷である。目の前に、突然、髪の毛のないオジサンが現れたら、「どちらさまですか？」と言うのも無理からぬもの。何しろ母親の記憶にあるのは、若い頃の息子の姿なのだから。

そんなことを言われないためにも、子ども達は、親に顔を見せに通うことをお勧めする。

以前、「羽成さん、母が今、粗相をしてしまったんですけど、どうすればいいですか！」と悲痛な声の電話をもらったことがある。

どうやら、布団から立ち上がった途端に、便が出てしまったようだ。

老いれば、意思通りに体が動いてくれないのだから粗相も仕方ない。今後のためにも、布団よりベッドのほうが介護するほうも、されるほうもラク、そばにポータブルトイレを置けば安心、さらにナプキンやおしめを利用すれば、もっと安心できると説明した。

電話の最後に「羽成さん、明日も出ますか？」と彼女に聞かれた。便は出ないよりも出たほうがいい。便が詰まって救急車で運ばれた人もいるという話をすると、「わかりました」と神妙になった。

介護というのは、とどのつまり、排泄物の処理に尽きる。頭のてっぺんから爪先まで、一〇種類以上ある。フケ、メヤニ、洟《はな》、痰という具合だ。これらの排泄物をこまめに処理していくのが介護なのである。

テレビなどで、介護経験もないような評論家が、「その人の、尊厳を……」などとカッコのいいことをしゃべっているが、介護されている人が小綺麗になっていることに、どれだけ介護者の時間とエネルギーが注がれているかに気づいてほしいものだ。介護の現場を知らないで、綺麗事を言っている人のいかに多いことか。

まぁ、テレビに向かって吠えたところで、わからない人にはわからない。介護に理屈はいらない。目の前で起こる現象を受け入れ、対処していく。その繰り返しが介護なのである。

## 24

# 介護が大変な理由

「どうして、こんなに、介護って大変なの？」と介護者の多くはその重労働を嘆く。

人間、自分の世話をするだけでも、容易ではない。食べたり、飲んだり、排泄したり、入浴、歯磨き、散髪、着替えなどなど、自分の命の世話だけでも大変なのに、もうひとりの命を背負うわけだから、大変でないわけはないのである。

だから、生活のすべてを母親任せにしてきた息子にとっては、その介護が始まると大打撃をこうむる。元気で自分の世話をしてくれる母親は実に便利な存在だった。便利な母親がいなくなることは、自分で自分の世話をしなくてはならなくなるということだ。自分の世話もろくにできない人間に、親の世話などできるわけがない。すると虐待なども起こりうる。子どもの駄々と同じである。ただ、子どもと異なることは、力のある大人の駄々なので、ややもすると、大ごとになってしまう場合もあるということだ。

そうなる前に、子どもを自立させておくことだ。自分のことは自分でを徹底させておくことだ。

話を戻そう。

介護は大変だ。ならば、どうすればいいか。私の持論に「介護の土俵」という考え方がある。

まず、その土俵に介護される人と、介護者が合い向かって上がる。その土俵の周りには、お金は出さない、手も出さない、口だけ出すという、うるさい人がいる。介護だけでも大変なのに、外野のあれこれ隊にどうのこうの言われる介護者は心身共に疲れ果てる。疲れ果てたまま、介護される人より先に逝ってしまった人もいる。どうにもこうにもやり切れない。介護者は介護で死んではならない。

そのためにも、多くの人を介護の土俵に上げよう。

遠くて直接介護を助けることができない人だったら、ヘルパー代を負担しよう。週に一度、認知症の親をドライブに誘い出すのも、介護者を助けることだ。デイサービス、ショートステイといった施設の情報を提供するのもいい。多くの人が、自分は何ができるかを考えて土俵に上がってくれれば、俄然、土俵の上は活気づく。メインで娘や嫁が介護をすることになっても、たくさんの手があることで倒れることはない。

そして、その土俵を見守ってくれるのが、近所の人やボランティア。主力は介護保険のサービスだが、これも人が決めることなので、くるくると変わることも覚悟しなければならない。

与えられるものだけに頼るのではなく、わが家にとって、何が一番必要かを考える。もしヘルパーさんが来てくれると助かると思ったら、介護保険の枠を超えてもその分、土俵に上がった関係者がその料金を負担し合うか、介護される人がお金を持っているのなら、自分の介護のために使うべきだ。すると、ますます介護の土俵は元気で明るくなる。

時代は変わり、介護は嫁の仕事という意識は薄まりつつある。家というものに縛られた女性の人生も過去のものとなった。

しかし、介護がなくなったわけではない。介護は女の仕事と思っている男性はまだ多い。介護の現場を変えるのは男性の意識だ。親の介護から逃げないでほしい。親のおしめを換えろと言っているのではない。家族として介護に目を向けてほしいのだ。介護する妻の大変さを理解し、そのサポートのためにサービスを利用することを、親に勧めてほしい。介護から目をそらさず、逃げないで、嫌われ役を引き受け、子どもであることを自覚して、親と向き合ってほしいのだ。それで主なる介護者が妻ならば、明るい介護が期待できる。

これからの介護の土俵を変えるのは、男性を含めたその親の子ども達だ。誰かひとりに任せる介護の時代は終わったのである。

## 25

# 看護と介護はまったく別もの

私がものごころついたときから入退院を繰り返していた父は、とにかく世話の焼ける人だった。外面はことほかいいので、身体障害者一級の身となってからも、地元のアマチュア芸術家との交流をもち、その事務局長も務めていたので、多くの人がわが家を訪れた。

だが、内面はわがままで気分屋、そのうえ人づかいが荒く、母などは、まるで父の家来のようであった。まぁ、昭和の家族の典型といえようか。

そんな父に歯向かうのは私だけ。あるときなども、退院した父と口論になった。自分のほうが不利になると、途端に病気を盾に相手を攻撃する。そこで私は「元気な人が一〇なら、お父さんは病気の分、三を引いて七で生きてよ。都合が悪くなると、病気だからと言うのは止めて！」と言った。怒った父が箸を投げつけてきた。「元気あるじゃない」とあおると、今度は手元の小皿を投げつけた。

怒りは父の生きるエネルギーだった。私も手加減しなかった。それにはそれなりの理由があってのことだ。

入院患者が退院し家に帰ってくる。家族は退院の喜びとともに、不安を胸に在宅介護を始める。病院で施されるのは看護、病気を治すためのサポート。一方、家では看護ではなく介護、生活を支えるためのサポートである。退院したということは、家庭で生活ができるということだから、自分でできることは、自分でしてもらわないと介護者の負担が重くなるばかりだ。たとえ病気だからといって、手厚い看護が当たり前と思われては、何人、介護者がいても事足りない。父と何度もぶつかり合った。だが、それは確かな信頼を育むことでもあったのだ。

私の二十代前半は、看護と介護に明け暮れた。朝は四時起き、父が入院する病院に行き、穴の開いたイスとバケツをセットし、ベッドのそばに置き用を足してもらう。

その処理を終え、半身不随で寝たきりの祖母が待つ家に帰る。そのとき、私が常に考えていたのが、父や祖母が自分でできることは何かということだった。片手が動けば、顔や手を自分で拭いてもらう。それだけでも介護者の負担が軽減されるというものだ。

## 26

# 介護体験は自分の老いのリハーサル

親の介護で仕事や長く勤しんできたことをやめる人は多い。親孝行で責任感が強い人ほどその傾向があると言ったコメンテーターがいたが、本当にそうなのだろうか。

私達は、介護をするために生まれてきたのではない。自分の人生をよりよく生きるために生まれてきたのだ。だが、やがて、誰でも必ず老いる。人の世話になるときがくる。老いも死も、自分にとって未知なる世界。知らないことには不安が伴う。そこでのリハーサルが介護経験なのだ。できることなら、親の介護にかかわるのがいい。なぜなら、否応なく、似ているところが見られるからだ。

介護中、とかく親子でぶつかり合うのは、お互いの似ているところが噴き出すからだ。頑固さや、皮肉な言い方、見栄っ張りなところなど。介護中、親に向かって発する言葉は、意外に自分に言い聞かせている場合もある。「どうして、そんなことにこだわるの」と言いながら、自分もこだわっているものだ。同じDNAをもっているということを感じる瞬間だろう。

大嫌いな父親から離れるために家を出た男性。父親が亡くなっても、家には戻らない。亡くなっても、父親に対する憎しみがどうしても消えない。ある意味、憎しみを支えに彼は山男として生きていた。

そんなある日、彼は庭先にある井戸を何気なく覗いて、愕然とする。そこに写っていたのは、紛れもなく、父親の顔だったのである。親子というものは、どこに逃げても逃げられないのである。

私が子どもの頃、病弱な父親が入退院を繰り返していた。母が父の病院に付き添う。私は母親が恋しい時期だったが、しばらくの間、叔母の家に預けられた。家の状況を子ども心にも察していたのだろう。われながら、我慢強い子どもだったと思う。

叔母の家の離れが二階家になっていた。階段を上がった所に大きな姿見が置いてあった。階段を上がると、子どもの私が写った。あるとき、その鏡に母を見た。母だと思ったのは、自分の顔だった。階段を上がった瞬間、少し横を向く。するとそこに母がいる。いや、母とそっくりな私が写る。私は嬉しくて、何回も階段を上り下りしたものだ。

自分の顔が父親の顔に似てきた男性も、自分の顔に母を求めた私も、親子だからだ。私は、親の介護で仕事を辞めたり、長年、培ってきたものを手放してはならないと思っている。事実、親の介護のために仕事を辞めた次の日、その親が亡くなったという男性の話を聞いたことがある。彼は仕事と親を同時に失ったのだ。だから、仕事をしながらでも介護を続けられる方法を考えてほしい。親にお金や家があるのなら、それを介護のために使えばいい。

親が他者の手によって介護されれば、仕事は続けられる。他者の手と言っても、それに関するさまざまな事務処理や対応は身内として要求される。親孝行とは、親がいなくなっても生きていけることだ。一時の感情に流されるのではなく、客観的に自分の人生を見つめよう。介護のために仕事を辞めるのは親孝行ではない。責任感が強いのではなく、ひとりで抱え込んでいるだけだ。介護はひとりではできない。他者の手を上手に利用しよう。

以前、「介護の限界がわからない」という相談を受けたことがある。そこで私は「家の中が、どこでもトイレになったら限界です。どこか入居できるところを探したほうがいいでしょう」と答えたことがある。その頃は、親を施設に入れることに抵抗を感じている人が多かった。その相談主もそうだった。「目の前にいる母親がもし自分だったらと、考えてみてください」と私が言うと彼女は大きく頷いた。

その後、まもなく、入居施設が決まり、彼女の表情も明るくなった。私も、幸か不幸か、かつて、身内五人の介護と看取りを経験した。そして、いずれ自分の番が訪れるだろう。でも、老いに対する不安はない。介護経験は自分の老いのリハーサルだったことが今、ここにきてよくわかるからだ。

BUS

# 27
# ほんとうのやさしさは見えにくい

寝たきりの義母の介護と自分の更年期が重なった時期が続いたことがある。顔がほてるのに、手足が氷のように冷たい。それは真夏でも同じだったので、おしめ交換時に冷たい手で触るのは気の毒だと思い、薄手の木綿の手袋をした。

「どうして手袋をしているの？」と義母が怪訝そうに訊くので、「私の手、とっても冷たいから」と答えると、「ふーん」と言っただけだった。多分、自分のために手袋をしているとは思ってもいなかったのだろう。

その後、しばらくしてわが家にテレビカメラが入ったことがある。わが家の介護の様子を映像に撮りたいということだった。

いつものようにと言われたので、テーブルに食事の用意をし、義母にエプロンをつける。「おばあちゃん、どうぞ」と私が言うと、義母が箸を持ってゆっくりと食べ物を口に運んだ。時々、口から食べ物がこぼれたが、義母は気にする様子もなく箸を動かした。私といえば、それを眺めているだけ。

ディレクターから「いつもこのように召し上がっているのですか？」と訊かれたので、「そうです。自分の好きなものを好きな順番で食べたいですよね。だから、こぼすのもOK。私がここで見ているのは、食べ物が喉につかえたとき対処するためです」と答えたが、どうやら映像としては気に入らなかったようだ。

それもそうだろう。ボロボロこぼしながら食べている義母と、その義母を遠巻きに見ているだけの私のカットでは、介護生活におけるやさしさがないとうつるだろう。映像としてほしいのは、笑顔の私が、義母の口に食べ物を運んでいるシーン。

手袋をしてのおしめ交換も、「あら、この人、お婆さんの肌に直接触れるのがイヤだから手袋をしているのね」と思われるだろう。義母にでさえ、その真意が伝わらなかったのだから。

やさしさとは、本当に見えにくいものだ。

結局、義母が自分で顔を拭いて、私が手を洗ってあげるという無難なシーンを撮り、私へのインタビューで収録が終わりとなった。

その後、別のテレビ局からも取材依頼が来たが、ようやく整えたわが家の介護リズムが崩れるので、すべて断った。

あれから、二〇年が過ぎた。本物のやさしさが映し出された介護記録には、なかなかお目にかかれない。

## 28

# 向き合い続けることをあきらめない

愛という言葉を辞書で引いてみた。「親兄弟のいつくしみ合うこころ」「広く、人間や生物への思いやり」、はたまた「男女間の、相手を慕う情」「かわいがること」「大切にすること」などなど、愛の言葉の意味は広くて深い。

その愛を介護に当てはめてみた。

私は、介護においては憎しみも、怒りも、悲しみも、みな愛だと思っている。なぜならそう思うほど相手と向き合っているからだ。たまに来て「おばあちゃん、元気でいてね」「おじいちゃん長生きしてね」などと言って帰る人とわけが違う。ときには「早くいなくなってくれないかしら」と思うときもあるだろう。そう思った自分を責めて、自己嫌悪に陥ることもある。人には言えない葛藤があり、逃げ出したくなるときもあるはずだ。

たとえ人に聞いてもらっても、自分の気持ちを真に理解してもらうのは難しい。なぜなら、その経験は自分しかしていない経験だからだ。介護の経験がある者同士で話をしても、ある程度のことは理解できるが、すべては伝わりにくい。「赤色」と言っても、人それぞれのイメージで赤色を思い浮かべる。夕焼けの空であったり、信号の色であったり、口紅の色であったり、伝えたい赤色に近寄ったとしても、同じではない。これと同じように、介護も一〇〇人いたら一〇〇通りの介護法があるわけだ。

以前、あるところでの講演後、質問を受けたことがあった。五十代前半ぐらいの男性が手をあげた。「愛って何ですか?」、私はすかさず「闘いです」と答えた。彼がどう納得したのかわからないが「わかりました」と答えた。

愛はまさに、闘いである。命を守る闘いなのだ。特に介護は、自分の命を守りながら、もうひとりの命を背負わなくてはならない。守る命がふたつなのだ。これほど過酷なことはないだろう。だから、ひとりではできないということもわかるはずだ。もし仮にひとりで頑張っているとしたら、いずれ介護者も倒れる。すると介護される人がふたりになる。そうなる前に、サポートの手を求めよう。

愛とは向き合い続けることである。どんなにイヤになっても、喧嘩をしても、向き合い続けることをあきらめないことだ。そのためにも、多くの人の手を借りよう。

人間にとって幸せなことは、できることなら生まれた順に旅立つことだと私は思っている。介護の中で心が揺れたら、そのことを思って自分を立て直そう。

「私って薄情な人間かしら」と思うことも愛である。介護は、自分の心をさらけ出す場だ。「私ってこういう人間だったんだ」と思ったら、それは成長している証拠だ。そのとき、泣きたかったら泣けばいい。吐き出すものを出し切って、また向き合う。それを繰り返しているうちに、人の心が読めるようになる。読めれば、対処法も見つけやすく、不安はやがてなくなるだろう。

愛は闘い。それは自分との闘いでもあるのだ。

## 29

# あなたの最強の助っ人は誰？

介護はひとりではできない。だが現実には、ひとりで頑張っている人は多い。「頑張らないで」と言われても、頑張らなければできないのが介護である。ひとりではできないことと、ひとりで頑張らなくてはならないことがある。

「じゃあ、どうすればいいのよ」というため息が聞こえてくる。私もこのジレンマの中、介護と向き合ってきた。

とりわけ義母は、もとは他人である。理解しようと努力しても、気持ちがかみあわないことがしばしば起こる。

「誰か、助けて！」と悲鳴を上げる。上げていたら、ふと、最強の助っ人がいることに気がついた。それは、義母を産んだ母親だ。もちろん、とっくの昔に仏様になっている。だが、誰にとっても母親は特別な存在だ。義母の心の中に必ず生きているはずである。

「そうだ、おばあちゃんのお母さんに助けてもらおう」

われながらいい考えが思い浮かんだものだ。

そして、作戦開始。ベッドに横になっている義母に声をかける。

「おばあちゃん、私、買い物に行ってくるから、その間、寝たまま体操していてね。手足をしっかり動かしてよ。あそこで、おばあちゃんのお母さんが見ているからね」

そう言って天井を指さした。

すると嬉しそうに「今日は、見張りがいるのか、ズルはできないな」と天井を見上げたのだった。

大成功！　やはり心の中に、今も母親が生きている。そのことは、私の大きな支えとなった。

義母をひとり家に残して、買い物や稽古事に出る場合、心のどこかに、いつでも不安がつきまとう。私がいない間に、ころんだらどうしよう、何か食べて、喉につかえたらどうしよう、と数々の心配が頭から離れない。とは言っても、一日中、そばにへばりついてもいられないのが現実だ。

そんなときに義母の母親に頼むのだ。

「お母さん、私、出かけてきますので、おばあちゃんのことをよろしくお願いします」

そう思っただけで、それまでの不安がすーっと消えていった。義母の母親からも「いつもありがとう。私はあなたを守るわ」と言われたような気がした。

それからというもの、私には強い味方がいると思えるようになった。人の心はそう強くない。誰かにすがりたいときもある。

このことを、何人かでおしゃべりをしていたときに話すと、「私、美空ひばりさんが好きだったから、今度、出かけるときは、ひばりさんに頼むことにするわ」と言った。その場にいた人それぞれが、「じゃ、私、誰にしようかな?」と口々に言い出し、みんなで大笑いとなった。

その後も、事あるごとに助けを求めた。「あっ、今、助けてくれた」と思った瞬間

が何度もあった。足かけ七年の介護の末、義母は安らかに旅立った。亡くなったときも、お母さんは私のそばにいてくれたと、一五年経った今も思っている。

## 30

# 生まれた人はみんな死ぬ

九十三歳の姑を介護している六十二歳の女性がいる。目下の悩みは姑から「死にたい、死にたい」と言われることだと嘆く。彼女の話をじっくり聞いた私は、「『死にたい、死にたい』と言うのは、『生きたい、生きたい』と言っていることと同じです。お嫁さんに迷惑をかけているので『死にたい、死にたい』という言葉が出るのだと思います。あなたから『おばあちゃん、大丈夫。生まれた人はみんな必ず死ぬから……。私も、お医者さまも、みんな遅かれ早かれ死ぬのよ』と明るく言ってみたらいかがでしょう?」と彼女の顔を覗き込んで言ってみた。

その後の結果は聞いていないが、いずれ自分も死を迎える人間なのだということを彼女が自覚したなら、介護する側とされる側の人の距離が縮まることは確かだ。

さらに言うなら、今という瞬間において、九十三歳のお姑さんと六十二歳のお嫁さんのどちらも生と死の条件は同じで、歳を取っているから先にお迎えが来るとは限らない。ややもすると、お嫁さんのほうが先に旅立つかもしれない。介護する側がされる人の死を考えるのと同時に、介護される人も介護してくれる人の死を考える。そのことにより、今ある生の価値を知るだろう。

そうすれば「死にたい、死にたい」という言葉は、「生きたい、生きたい」というように聞こえてくる。さらには「死にたい、死にたい」は、自分で歌う自分への子守歌のように思われてくる。

生まれた人はみんな死ぬ。死を思うと、生きることが輝く。辛かったら、泣けばいい。怒りたかったら怒ればいい。負の感情はため込まずに、吐き出すことだ。吐き出せば、また新たな一歩が踏み出せる。

私達は、生まれた瞬間から、死ぬ運命にある。運命を背負いながら今を生きる。過去も未来もない。人生すべて、今の積み重ねである。今を大事にしない人に、明るい未来などあるはずはない。未来が明るければ、笑顔でいられる。ささやかなことにも楽しさを見つけ出せる能力を養えば、笑顔がたえることはない。

# 第4章
# しあわせは今ここに

かぎりある人生。
愚痴を言ったり、
聞いたりする時間は
もったいない。
心が喜ぶことは、
そこかしこにある。

## 31

# 自分の人生の作り方

自分の人生を振り返ったとき、介護や子育てに費やした時間は、少なくはなかった。でも、それで、何もできなかったということはない。一時、殆どの時間を介護と家族のために使っていたこともあったが、私の人生は私のものという意識は、一度も消えたことはない。だから、介護に人生を奪われたと思わずに済んだ。

介護者の中には、必死で介護に人生を注ぐ人もいる。注ぐことに生き甲斐を感じる人もいるだろうが、人によっては「私はこの人に人生を取られた」と介護される人を恨む場合もある。この恨みは、亡くなった後も消えず、何年たっても、お墓に向かって、恨みつらみを言ったりする。そうなると、仏様も気の毒というものだ。

介護と人生は同時進行。自分の人生をあきらめないでほしい。

私の二十代前半は人生に起こりうる様々な試練の中にいた。父親の入院、そして、歩けない状態での退院。認知症の祖父。続いて半身不随から寝たきりになった祖母。家業である材木商の衰退。銀行や親戚への借金。

そんな中でも、私の人生は私のものと考えていた。香道の稽古に通いたいと突然思ったことがある。どうすればそれができるかを考えた。稽古場所は東京の銀座である。私は群馬に住んでいた。通うためには月謝と交通費が必要だ。家には、そんな余裕はない。

そこで、早朝、給食センターでまかないのアルバイトをすることにした。朝四時から七時まで。その給料で、月二回、銀座まで稽古に通うことができた。

その稽古事に、何十万のお金がいるわけではない。必要な分だけ働いて、自分に投資する。学んだものは、自分の身になる。そして、次々に興味を覚えるまま稽古事を増やしていった。

二十三歳のとき、自分の人生に結婚という新たな道を引き入れてみようと思った。

それまで、周りの勧めで、見合いらしきものを何回か経験したが、どれも周りの思惑を感じた。冗談じゃない。私の人生を人に決められてたまるものかと思い、ある新聞に「お嫁に行きます」という広告を出した。条件は結婚後、私を大学に行かせてくれる人。これはお金があるということではなく、女性が学ぶことを応援してくれる男性と結婚したいと思ったのだ。

やがて、全国から三〇通を超える手紙が届いた。そのことを知った父は、「マスコミを利用するとは何事だ！」と怒ったが、ここでも、私の人生は私のものと、怯まなかった。

三〇通を超える手紙を前に考えた。もし、私が男性だったら、あの広告を見てどうするだろう。私だったら、きっと、手紙ではなく電報を打つ。そう思った私は、電報という手段を選ぶ男性と結婚しようと思ったのだ。同じ価値観を電報にかけたのである。

果たして、電報はくるだろうか。もしこなかったら、私は結婚はせず、別の道を進もうと考えていた。「連絡乞う」という電報が届いたのは、手紙をくれた男性方に断りの返事を書き終えたときだった。

当時のわが家は、父の入退院が続き、祖父を送ったあとまもなく始まった祖母の介護で、私がすぐに結婚することは難しかった。やがて、祖母を看取り、父の病状も安定したので、私は二十五歳のときに電報をくれた主と結婚したのである。

私の人生は私のものという考え方は、義母の介護が始まっても、揺るがなかった。結婚後、二年おきに四人の子どもに恵まれた私が、通信制の大学で教育学を学び始めたのは、末の子どもが三歳になったときだった。

ゆっくり、ゆったりの学び方だが、子育てと勉学内容が重なり、興味は尽きない。学び始めて六年目に義母との同居と介護が同時に始まったが、夏のスクーリングに行きたいと思った私は、義母にショートステイを利用してほしいと頼んだ。義母が「あんたは、その歳でも勉強したいのか」と聞くので、「知らないことを知るって、面白いのよ」と答えると「わかった。行ってらっしゃい」と言ってくれた。

今、私は別の大学の哲学科に在籍している。単位も卒業もどうでもいい。好きなことだけを学ぶ大学放浪中。学びながら思うのは、経験は学問を超えるということだ。

しかしながら、経験だけでは独りよがりになりかねない。学問と経験をうまくブレンドすると、予期せぬ考え方が生まれてくる。その考え方が私らしさになっていく。これからも放浪を続けていくつもりだ。

## 32

# 孫の世話で病気も治る!?

今、私達夫婦が預かっている共働きをしている長男夫婦の子どもが二歳になった。当初は息子達の仕事の関係で、朝五時半から夜七時半まで面倒をみていたが、時間制で預かってくれる保育園を利用することができて、少しずつ、園を利用する時間を増やしてきた。

現在は、朝七時に息子が保育園に孫を送り、お昼過ぎに、夫が運転する車に乗って二人で迎えに行く。そして、夜七時頃、息子が迎えに来るまで、孫は祖父母の家で過ごす。

今のところ、孫は保育園から昼過ぎにわが家へ帰ってくるなり昼寝をする。その間の二、三時間、夫は散歩に出かけ、私は共働きの息子達に夕食のおかずの差し入れのため、台所に立つ。おかずのメニューは切り干し大根やおから、ひじき、野菜の煮物など、お袋の味が主である。作る量が多くても少なくても手間は同じ。品数が多いことで私達夫婦も少しずつ、たくさんの品を食べられるので一石二鳥だ。

五時に夕食を孫と一緒に済ませると、迎えが来るまで、三人で遊ぶ。音楽に合わせてのダンスもどきの始まり。これがけっこうの運動量だ。部屋の中をグルグル回ったり、手をつないで、踊ったり。

迎えが来て、孫とおかずを息子に渡すと私達の一日の役目が終わる。

この毎日の生活リズムが、思わぬプレゼントを与えてくれた。数か月前のこと、糖尿病が持病の夫は、その数値が高くなっているため、検査入院が必要となった。その際に私が同行して、食事管理の指導を受けることになっていた。それがなんと、孫を預かり始めてから、この数値が良くなってきたのだ。医師から不思議がられた夫は「今、孫の世話をしています」と言ったそうだ。次の月の検査結果も悪くはなかった。うまくコントロールできていることに医師は驚いているという。私が「孫の世話で病気が

治るという論文書けるわね」と夫に言うと、「孫はすごいドクターだ」と感心していた。

確かに、私が付けている歩数計も毎日、一万二〇〇〇歩を超えている。意識して散歩を心がけていたときの一日一万歩をゆうに超えているのだから驚きだ。それも、家の中を動いているだけだというのに。

たとえ肩が痛くても、腰が痛いとしても、「あっ、危ない！」と思ったら、反射的に痛いことを忘れて飛んで行く。抱っこをせがまれれば一二キロ近い孫を片手で抱えて、もう片方の手で台所の煮物の鍋をかき混ぜる。子育てをしていた頃も、こんなスタイルで台所にいたことを思い出した。この歳になって、また同じことをするとは思わなかったが、弛んでいた二の腕に少し筋肉も付いてきたようで、ダンベル体操と同じ効果があることを実感した。

勿論、私達夫婦は若くはないので、確かに疲れもある。でも、この疲れはスポーツのあとのような疲れと同様で結構心地よい。しかも、体だけではなくて頭も使う。孫は好奇心の塊なので目が離せないし、行動の先を読まないと、あらぬ所へ行ってしまう。脳も休んではいられない。認知症予防には孫の世話が一番いいと、その道の専門家の記事を読んだことがあるが、確かに効果があるように思える。

また、わが家のおもちゃは廃物利用のオリジナル品。ペットボトルにドングリを入れて音の出る楽器にしたり、針金のハンガーに古布をまいて、輪投げを作ったり。こんな遊び道具を考えることも脳の活性化にはいいようだ。

築三〇年のわが家は古い家なので、その分、何をしても惜しくない。シミだらけの階段には絵の具で絵を描いたので、孫が上り下りを面白がっている。夕食後の運動にこの階段の上り下りを一〇回も繰り返せば、家に帰って、入浴後はバタンキューとなる。息子夫婦も寝かしつける手間もなくラクができているはずだ。

そして、さぁ、今度は何をして孫を驚かそうかを考えていると、脳がどんどん動き出す。あれこれ考え、孫の反応を想像しては、ほくそ笑んでいる私が、もしかして、今、一番楽しんでいるのかもしれない。

33

# 三世代別居の大家族の介護リレー計画

平日、月曜日から金曜日まで長男の子どもを預かっている。育児リレーをしている毎日だが、このリレー、介護にもそのまま応用できると考えている。

例えば、先に夫が逝き、私がひとり暮らしとなり、さらに車イス生活となったとする。幸いにも子どもが四人いるので、朝夕の安否確認を一週間ごとに交替でしてもらう。昼間はヘルパーさんに家事を頼み、長男夫婦には休日にまとめて買い物をしてもらう。嫁いだ娘たちには月一回、私好みのおかずを作ってもらい、冷凍宅配便で送ってもらう。

このような子ども達による介護リレーで、私の「介護され生活」は成り立つと思っている。

私が育った家は三世代同居の大家族。食事など家事全般において家族の世話をするのは嫁である母で、それが当たり前の時代だったとはいえ、子どもながらに、その大変さを感じていた。なので、羽成家の長男の妻であるお嫁さんと、「私達、同居はやめようね。でも、同じ羽成に嫁いだ女性同士として、共に協力して成長しようね」と話したりした。

血縁を超えて、女性同士、手を組むという考えは、子育てにも介護においても強力な武器となるだろう。

それぞれが独立した家庭をもって、離れていてもお互いが協力し合うことができれば、こんなに心強いことはない。日頃はご無沙汰しつつも、いざ必要となったら、融通を効かせて協力し合う。そのためには、家族ひとりひとりの自立が不可欠となる。妻がいなくても家事ができる夫。親が留守をしても家を守れる子ども。ひとりになっても、自分でできること、できないことを見極め、サポートを要求できる寝たきり老人などなど。

子世代との同居がかなわない状況においても、この介護リレーで乗り切れるのではないか。わが家の三世代別居の大家族の未来に不安はない。

## 34

# 世の中の人はみなボランティア

先日、出産した娘の助っ人に出向いた。最寄駅の近くで、あれこれ食材を買い込んだまではよかったが、なにせ、重くて動きが取れない。なんとかタクシー乗り場まで行きたいと思ったが、悲しいかな、腕力が減退して、一人では運べない。

すると目の前を、鶏のとさかのような髪型のお兄さんが通りがかった。思わず「すいません。助けていただけますか？」と頼んでみた。

一瞬、驚いたお兄さんは、辺りを見回してから、「俺？」と言って自分を指した。「タクシー乗り場まで、この荷物を運んでもらいたいの」と頼むと、「いいよ」と。一緒に歩きながら「助かるわ。ありがとう」と言うと、「こんなこと頼まれたの初めてだ。

また、助けてやるよ」と言ってくれた。

こんな具合に、世の中の人はみなボランティアだと私は思っている。「助けて」の言葉に、必ず応えてくれるものだ。

義母の介護をしていた際に、通院にはタクシーを利用していた。車イスからタクシーに乗り移るとき、人手がほしい。そんなときは通行人に声をかけた。皆さん快く引き受けてくれて、断られたことなど一度もない。

困っているのであれば、勇気を出して「助けて」と声を上げよう。そして、助けてもらったら、心から「ありがとう」と言う。世の中を明るくするのは、「助けて」と「ありがとう」の言葉がけだと、私は思っている。

## 35

# 十代の女学生に戻れるとき

昨今、さまざまな分野で高齢者の活躍がマスコミを賑わせている。長年の経験で培われた英知は、若者にはない魅力であろう。

なにも、「いいなぁ」と思わせる高齢者は著名人だけではない。かつて、講演後に、一日に数本だけ運行するローカル線に乗ったことがある。ある駅で、風呂敷包みを手にしたまさに八十代前半ぐらいと思われる男性が乗ってきた。人生の荒波にもまれ、力強く生きてきたであろう黒光りした顔に深い皺、ゴツゴツした大きな手。私は、一目で、その魅力に取りつかれた。「なんて素敵な顔なんだろう」――私の中で、目の前の男性の人生があれこれ浮かんできた。想像でしかないストーリーに感情移入し、鼻の奥がつーんとして目の前が霞んできた。二つめの駅に着いたとき、そのおじいさんは降りていった。

今でも、時々、あのいい顔を思い出す。思い出すたび、「男の顔は履歴書」とはよく言ったものだと、感心している。

歳をとっていい顔になったなぁ、と思わせる女優さんがいる反面、この人、顔と動きが一致していないと思われる人もいる。どんなに顔を若く作り直したとしても、動く姿には年齢がにじみ出る。若さを強調すればするほど、そのギャップが痛々しく映ってしまうものだ。人間やはり、下手に手を加えないほうが自然でいいのではないか。と言っても、少しでも若く見せたいと思うのも女性の常だろう。

バスに乗っていたときのこと。目の前に、同じような顔が三つ仲良く並んでいる。濃いめのアイシャドーにくっきりとしたアイラインをほどこし、頬には夕焼け色のような赤が耳元まで広がっている。おしゃべりに花が咲き、楽しそうに笑い転げる老女三人。その話からどうやら、化粧の仕方を習ってきた後の帰りらしい。三人の笑いがたえない。化粧のおかげで気持ちまで若返ったのであろう。ふと、これも微笑ましい光景だなぁ、と思いながら、彼女たちがバスを降りるまでの間、じゅうぶん楽しませてもらった。

かくいう私も、実は、密かな「老い隠し」を楽しんでいる。講演依頼をいただくと、必ず宿を取っている。講演前日と講演当日の二泊三日。これは自分の体を守るためということも理由のひとつにある。この歳になると、時間に余裕を持たせた無理のない行動が元気を保つコツだ。泊まる宿は、手頃なビジネスホテル。あるホテルの会員になっているので割引があるのだが、何より、過剰なサービスがないのが気に入っている。最近は特に、高齢者の利用も多くなり、朝の食事時は、老人ホームにいるような気分になったりしている。

さて、ここでの私の楽しみは、パックである。フロントでチェックインの際、女性宿泊者だけへのサービスがあり、パックや入浴剤をプレゼントしてくれるのだ。テレビや映画で目と口だけ出したおばけのような女性をよく見たが、自分の顔にのせたことは、このホテルに泊まるまでなかった。

初めて、そのパックとやらを顔にのせたのは九州の福岡だった。入浴後、しみ込んだぬるぬるした顔型の紙を広げて、恐る恐る自分の顔にのせてみた。鏡に映る自分の顔は、目と口だけが出ているだけ。その顔を見ながら、口をとがらせたり、ほっぺたを動かしたりしてしばし遊んだ後、あることに気がついた。そこにいるのは、女学生の私だった。つまり、目と口だけなら、十七歳に見えないこともない。ぬるぬる紙が皺やシミを覆い隠しているので、六十歳を過ぎた私が隠れてしまうのだ。これはすごい発見だ。

パックの効果がどれほどのものかわからないが、一瞬のうちに十代に戻れるこの方法は暇つぶしにもってこいの楽しみだ。かくて私は、全国各地で、三田明さんの「美しい十代」を歌いながら、美しい十代パックを楽しんでいる。

一度、娘達と一緒にパックをしたことがある。白塗りのおばけが三人。お互いの顔を見ながら笑いをこらえるのに必死。目と口だけのおばけは全員が同じ世代だ。

ところが、白塗りは白塗りでも、歌舞伎の白塗りだけは年齢がもろに出た。隈取りのワークショップがあり娘と参加したのだが、顔を真っ白に塗ったまではよかったが、娘と顔を見合わせて噴き出した途端、私の皺がそのまま固まってしまった。かくて、

皺だらけの助六が出来上がった。衣装をつけて見えを切る。固まった皺は、なかなか元には戻らなかった。そのときできた皺を私は「助六皺」と呼ぶ。

やっぱり、老いは隠しきれない。

36

# 助けてもらうのは当たり前

ボランティア精神が旺盛な人の中には、人は助けたいが、人から助けてもらうのはイヤだと言う人がいる。

実際に、ボランティアとして活躍していた六十代後半の男性が、自分がケガをして、思うように動けなくなったとたん、家から一歩も出なくなったという話を耳にしたことがある。

また、献身的に夫に仕えていた妻が発病し、夫の世話を受けることになった。夫のサポートが心苦しくてしかたがない妻。夫婦の娘さんが、私に言った。「母は、一切、食事をとらなくなりました。餓死しようと思っているのです」。この話も悲しく切ない。

助けてもらうことに抵抗がある人が、思いのほか多いようだ。お互いさまという文化は、対等の立場であることを意味する。

以前、ある老人会から講演依頼を受け出向いたときのこと。開始前に、元気な会長さんが挨拶をし、「寝たきりの人は、私達の代わりになってくれているのだと思って感謝しましょう」と言った。

私は、冒頭で「寝たきりの人は、いずれくる自分の姿です。言うなれば先輩です。皆さんが訪問されたとき、『今日は来てくれて、ありがとう』とおっしゃったら、相当、精神レベルの高い人です」と申し添えた。

元気な高齢者の中には、動けなくなったら人間としての価値が低くなったと捉える人もいる。そういう人は、自分が動けなくなったとき、ダメ人間のレッテルを張り自分を卑下する。弱くなったことを受け入れられないからだろう。

しかし、老いれば否応なく人の手が必要になる。頑なに拒むより、「ありがとう」と素直にサポートを受けるほうが、周りも自分もラクになれる。

助けてもらうことに慣れよう。そのためにまず、外に出たら、見ず知らずの人に道を聞いてみてほしい。これは助けてもらう練習にぴったりだ。人の親切がありがたいと感じられれば、丁寧に心をこめての「ありがとう」という言葉が出てくることだろう。助けを求めることは、弱さではなく強さだと心したい。

37

# 浣腸をしてくれる友達はいる？

人間、元気なうちは自分の老いも介護も考えないものだ。

ある五十代前半の女性のこと。彼女は、自由気儘なひとり暮らしを謳歌していた。仕事は楽しく、年に何回かは海外旅行、休日は音楽コンサートや観劇へ。このままの人生が続くものだと思っていた。

ところが思わぬところで脚のケガをして入院、手術。この際だからと精密検査をしたところ、子宮筋腫があることがわかった。

それでも、入院中は完全看護なので、不自由を感じることもなかった。

問題は退院後の生活にあった。脚のケガは治ったものの、数か月にわたって歩くことをしていなかったため筋肉が弱り、以前のようにはてきぱき動けない。筋腫も気がかりだ。独りでの生活に不安がよぎる。

彼女はつぶやく。「こんなはずではなかった……」。

また、以前テレビで、ある白髪の独身男優さんが、自分の老後について語るのを見た。「死ぬまで、元気で仕事をしますよ。誰の世話にもなりたくないですね」

その男優さんにしばらくお目にかかってないなぁと思っていたら、病気になり、自分のお姉さんの世話になって旅立ったという。

結婚していても、いなくても最期はみんなひとり旅。しかしながら、旅立つ前は、必ず誰かの世話にならざるをえないものだ。

ある「女性の会」の講演に呼ばれたとき、私は「人生の後半は〝グルメ友達〟より、便秘で七転八倒しているときに、浣腸をしてもらえるぐらいの友達をつくったほうがいいですよ」と言ったことがある。

ひととき楽しいだけの付き合いをしている友達が、果たして、あなたの「助けて」に対応してくれるかどうか。一度、考えてみてはどうだろう。

たった一人でも、ピンチに対応してくれる友達がいたら、なんと心強いことか。

その講演会では、「私は、ここにいる皆さんに浣腸をしてあげられますよ」と言った。するとー人の女性が、「私も、羽成さんにならできますよ」と言ってくれた。

ということは、長く付き合っている友達ではなくても、老いを共感できる友達ならば、サポートし合える関係が築けるということだ。

あるセミナーに参加した独身女性が、老後は友達がたくさんいたほうがいいと聞き、早速、知り合いにバースデーカードを送ったという。でも、これって、何か違うなぁ。仲良しごっこも悪くはないが、どこかで卒業しないと、本物のギブ&テイクが成立する友達とは、永遠にめぐり会えないと思うのだが。

## 38

# 「健康病」は恐ろしい

今や、新聞・雑誌・テレビなどで「健康で長生き」「いつまでも若々しく」「若返り法」などなど、健康長寿に関するテーマが取り上げられない日はない。

確かに元気な高齢者が増えた。肌はツヤツヤ、腰もピンッ、気力、体力、行動力など若者に引けを取らない輝きを見せている人が多い。

ある町で講演会をしたときのこと。私は講演前に会場に来てくださった方とおしゃべりをするのを常としている。その日は、ボランティアについての講演だったので、実際にボランティをされている方々が多かった。なぜか高齢者が多く、中には杖をついている人もいる。主催者にわけを訊くと、その町は高齢化率が高く、杖をつけば歩ける高齢者が、ひとり暮らしの高齢者の家に安否確認をしにいくボランティをしているのだそうだ。

そういえば、他の町のことだが、「俺は七十六歳なんだけど、年上がいっぱいいるので、いつも『おい、若いの』って言われてこきつかわれているんだよなぁ」とぼやいている男性がいたっけ。

どこにも元気な高齢者はいるものだ。体が不自由でも元気がいい。病気があっても元気がいい。皺だらけでも元気がいい。元気な人とは、老いを受け入れ、自分なりに頑張れる人ではないだろうか。人工的な若返り術もあるが、目じりの皺や後れ毛の白髪など自然に老いた美しさのほうに、断然心惹かれる。

しかしながら、健康でいなければならないという強迫観念にとらわれた「健康病」にかかっている人もいるようだ。

毎日、毎日、歩くのが仕事とばかり、歩き続けた結果、膝を痛めて病院通い。ドクターストップがかかっても、歩くことを止められない。足を引きずりながらも歩き続けるというのは、本末転倒というものだ。

かつて起こった「椎茸ブーム」のときにも、それにハマった知人が椎茸ばかりを食べて栄養失調になったことがある。実に健康病は恐ろしい。何かヘンだ。これもマスコミの影響によるものだろうか。老いに逆らわず、ほどほどの健康をキープするのがいいのではないか。

## 39

# 安住の地はどこに

人生の後半ともなると、子どもとの同居や、庭の手入れがいらないマンションへの住み替えなど、終《つい》の住処《すみか》を考える人は多い。

高級老人ホームに入居したものの気に入らないと言っては、また別の所へ移るということを繰り返す女性がいるという話を聞いた。そんなことができるのは相当のお金持ちであろうが、どんなに豪華なホームに入っても、キラキラのシャンデリアが介護してくれるわけではない。介護をしてくれるのは人である。ときには気に入らないこともあるだろう。だが、それはお互いさま。スタッフだって、わがままばかり言う入居者の顔を思い浮かべただけで胃が痛くなるという人もいるはずだ。

つまり、終の住処が見つかっても、そこが安住の地になるとは限らない。むしろ私は、安住の地などないと思っている。人は死ぬまで人とかかわって生きていく。誰かの世話にならなければ、死にたどり着けないのである。必要なのは、よりよい人間関係をつくること。介護は、二人三脚。足並みが揃わなければ、ころんでばかりで痛い思いをするだろう。

以前、ひょんなことから高級老人ホームのスタッフを対象とした講演依頼を受けた。広いロビーはハイグレードホテルそのもののセンスある造り。スタッフのひとりにホームの中を案内されると、プールや大きな風呂場、趣味を楽しむ部屋やゆったりしたラウンジがある。私には、金銭的にどう逆立ちをしても入れない所だなぁ、と思いながらも興味津々で案内してもらった。

ある部屋の前で、スタッフの顔が少し曇った。眺めのいい明るい部屋の窓が少し開けられていて、外から元気な子どもたちの声が聞こえてくる。

「あら、お隣は小学校？」と尋ねると、「ええ、実はこの部屋の入居者が昨日、引っ越したんです」と言う。子どもの声がうるさいというのが、その理由だそうだ。ホームを移る理由が人間関係だけではないことを知ったわけだが、でも、でも、である。ほかに空いている部屋があるのだから、そちらに移ることも可能なはず。やはり、人間関係だったのかという結論に達した。

安住の地を求めて引っ越しを繰り返すよりも、自分の心の中に安らぐ場所を置いてはどうか。人にばかり目がいくと不満がつのるが、視線を少しそらせてみると、「いいお天気だわ」「あら、いい花の香り」「おいしい日本茶ね」などと心が浮き立つことがたくさんあるはず。安住の地は、自分の心の中にある。

## 40

# 一期一会のおしゃべりを楽しむ

「老後の財産は、たくさんのお友達よ」と言う著名人が多い。それを聞くたび「そうかしら……」と思ってしまう。

一〇年ほど前、あるシンポジウムにパネラーとして参加したとき、一緒に檀上に上がったある人も、控室で、この「友達財産説」を得々と説いていた。「羽成さん、お友達にするなら、断然、若い人よ。自分が歳を取ったとき頼れるでしょ」と言う彼女は、当時五十八歳。四十代の友達が多いという。

「私の家系は女性が長生きだから、私も百歳まで生きると思うわ。だから、人生これからよ」と大きなイヤリングを揺らしながら力説していた。きっと、明るい人柄が若い人を引きつけるのだろう。

でも待てよ。彼女が百歳になったとき、四十代の友達は八十代になっているはず。友達付き合いが続けられているのかしら……。つまらない水を差すのも野暮なので、黙ってひたすら話を聞いていた。

若いうちは、友達と行動を共にすることはとても楽しいものである。だが、それぞれの人生を歩む中で、価値観も変わってくるのではないか。

私としては、一期一会の出会いを大切にしたい。人生の後半ともなれば、多かれ少なかれ、人はさまざまな荒波を乗り越えてきているだけに、興味深い話が聞けたりする。

あれは、講演に向かう電車の中だった。座席が隣り合った女性と、ひょんなことからおしゃべりが始まった。目的地が同じ所だったこともあって、時間はたっぷりあった。彼女は次第に胸の内を話し始めた。電車で偶然、隣り合った女性だったからこそ、おしゃべりが弾むこともある。

「私、離婚しようと思うの。こんな話、友達には言えないわ。見ず知らずのあなただ

から言えるのよ」と言う彼女。目的地までの三時間弱、率直に思ったままを語り合った。目的地に着いても話し足りない私たちは、降りたホームでさらに立ち話を続けた。

「私、もう少し考えてみるわ、離婚のこと。あなたとおしゃべりをして、気持ちがラクになったの。今日、出会えてよかった、ありがとう」と言い、手を振って人ごみの中に消えていった。

たくさんの友達がいなくても、一期一会のおしゃべりで、じゅうぶん心が満たされる。それを楽しまないのはもったいないと、私は思うのだ。

## 41

# 縁は自分でつくるもの

縁という言葉が好きだ。人が結びついたり、離れたり。良くも悪くも「これも縁ね」と思うと、不思議に気持ちが軽くなる。

今、この原稿を書いているのも縁である。そして、私の書いたものを読んでもらえるのも縁だろう。

人生は縁を重ねるための旅のようだ。今まで縁があって出会った誰もが私の先生だったたと思えるのだ。

それは、急に大粒の雨が降ってきたときのことだった。バスから降りた私は、家路を急いだ。あるアパートの前で怒鳴り声が。タクシーが止まっている。「自分で降りられないのかよ！」と運転手の声。近づくと、小柄な中年女性が、車から降りづらそうにしている。どうも脚の具合がよくなさそうだ。「私の背中に！」と、その女性を背負って降ろそうとし、おんぶした途端、タクシーのドアがバタンと閉まり、猛スピードで走り去っていった。二人してびしょ濡れになりながら、女性のアパートの部屋にたどり着いた。

そんな縁で、時々彼女のサポートを引き受けることに。筋肉が段々と弱くなっていく病気をかかえていた。ある日「お風呂に入りたいんだけど、見ていてほしいの」と頼まれた。できることは自分でする、もしも何かあったら助けてほしいという、自分のための危機管理だ。湯船に熱めの湯を張り、「入るときには、少し冷めるから、これで丁度いいの」と言う。ゆっくりではあるが、自力で風呂に入った。

彼女との出会いは私に、さまざまな工夫をこらせば、なんとしても生きていけることを教えてくれた。

また、あるとき、外国産の物産展会場をぶらついていたとき、初めて目にする果物が目に入った。食べてみたいが、一袋の量が多すぎる。とはいえ、半分だけ売ってくれるわけがない。そこへ「これって、果物？」と誰に言うともなくつぶやく女性が。私より少しばかり年長だろうか、片手に杖を持っている。さらに続けて、「食べてみたいけど、多すぎるわね」。チャンス到来、すかさず、私から声をかけた。「半分こしません？」、笑顔で頷かれ、商談成立。代金を折半し、会場内のベンチに腰かけて仲良く分け合う。「半分こっていいわね」と彼女が言った。心に残る縁である。

袖振り合うも多少の縁とはよく言ったものだ。自分の間口を広げておけば、縁が寄ってくる。自分次第で、小さな縁はいくつも結べるものだ。

## 42

# 都合のいい人は、もう卒業

「あの人、最近変わったわね。以前はもっと、気配りができるいい人だったのに……」と言う人がいる。変わったと言われた人は、今まで、期待にこたえていた人だろう。だから、いい人と思われていた。つまり、相手から見ると都合のいい人だったのである。

家族でも、友人同士でも、当たり前のように、いつも人の世話をしている人がいる。誰かの世話をすることが生きがいになっているような人は、だいたい、いい人と思われている。いい人と言われると、もっといい人になろうと頑張る。頑張れるうちはいいが、頑張りがきかなくなるのが「老いる」ということだ。こうなると、人のお世話などできるはずがない。ところが、世話をされるのが当たり前と思っている人は、なぜ、今までしてくれていたことをしてくれない、「あの人変わったわね」となるのである。

私の母は、良妻賢母――いい妻、いい嫁、いいお母さんだった。家族や身内のためによく働いた。なんでも「はい、はい」と笑顔でこたえ、自分のことはいつも後回し。母にとって家族の世話は喜びだった。

そんな母を見て、私は成長するにつれ反発を感じるようになった。「自分の人生はどこにあるの？」と。母のようには生きたくないとすら思ったものだ。

父が逝ってから七年後、母がガンに襲われた。無事、治療を終えて退院後も、いい人を止めなかった。静養が必要なのに、「私、もう治ったわ」と言って、自ら車を運転して快気祝いの品を配って回ったりした。見かねた私は、「もっと、自分の体を大事にしてよ。病気なんだから、休んでいてよ」と小言を言ったが、母は割烹着を脱ごうとしなかった。

案の定、体が悲鳴を上げた。このとき、母に変化が現れた。自分の気持ちを抑えなくなったのだ。しかし、周りは母の変化に戸惑うばかり。

「私の気持ちなんて、どうせわからないわよ」と言う母に、家族の中には「以前は、あんなこと言う人じゃなかったのに」と言った者もいた。

見舞いに来た自分の姉に対して、「あのとき、どんなつもりで言ったの？」と昔の話をむし返した。叔母の戸惑いをよそに、母は話を止めない。人生の最期にきて、母は自分をさらけ出した。そんな母を私は好もしく見ていた。もっと、自分を出していいのよ！　と心の中で叫んだものだった。

母は、いい人として生き、自分を取り戻して生を終えた。

母のようには生きたくないと思っていた時期を経て、今、私は母と似ているところがあると感じる。母と同じことを家族にしている自分がいると、時々思うことがあるのだ。

相手が変わったなと思ったときには、お互いの関係を俯瞰《ふかん》してみたらどうだろう。変わったと感じたことが、自分にとって都合が悪くなった、便利ではなくなったのなら、それだけ相手の行為に甘えていたことになる。

今、心地よいと思っていたら、その分、誰かの世話になっていると思ったほうがいい。

そして、それを、当たり前のこととしないようにしよう。人任せにしていては、いざその人がいなくなったときに困るのは自分自身。「あの人、変わったわね」と言う人には、なりたくないものだ。

43

# ゴミ拾いで未来は輝く

確か化粧品のコマーシャルだったと思うが、「二十五歳はお肌の曲がり角」というコピーを耳にした。続く言葉が「曲がっちゃたらどうするの？」。

二十五歳ごとに角を曲がれば、百歳になったら元の位置よね、と思いながら聞いていた。この私も二五年ごとの角をふたつ曲がり、今、第三コーナーに入ったところだ。

あの有名な双子の姉妹、金さん銀さんが「百歳、百歳」とテレビなどで笑顔を振りまき、「出演料、何に使いますか」という質問に対し、「老後のためにとっておきます」と軽く言ってのけ、その見事な対応に拍手した。

ということは、老後とは「未来」ということになる。未来は過去の積み重ねだ。何もしなくても歳を取るが、今の自分を形成しているのは過去の積み重ねにほかならない。楽しい老後をイメージするのであれば、今を輝かせることであろう。そのためには行動することである。持ち金を眺めてみても、未来は輝かない。

ここ二〇年ばかり、ヘルパー養成研修講師をさせてもらっている。講師といっても、自分の介護体験と独自の介護哲学を話すだけだ。講義のはじめに、受講者ひとりひとりに「自分の老い」をイメージしてもらい、それを聞いてまわる。

「炬燵《こたつ》に入って、猫を抱いて居眠り」「頑固爺になって、周りに迷惑かけている」「友達と温泉旅行を楽しむ」「孫の世話をする」などなど。年齢層が幅広いので、老いのイメージもそれぞれだ。

その中で「歳を取ってまで生きていたくない」という若者が常に何人かいる。若者たちに共通しているのは、元気も意欲も見受けられないことだ。

ある日、講義の終了後に、長生きしたくないと言った十代の女の子が私のところにやってきた。「どうすれば、いきいきと生きられますか?」と暗い顔で訊く。そこで私は、「まずは、ゴミを拾うことね。すると、その道が大切な自分のもののような気がしてくるはず。私は近所の公園のゴミを拾っているけど、自分の公園だと思えるもの」と答えた。彼女は「ゴミ拾いですか。それなら、すぐできますね」と言った。さらに「できることはすぐ行動に移す。元気が出るわよ。それから、しっかり介護の勉強をして、ベテランヘルパーさんになってね。いつか、私の介護をお願いします」と付け加えると、彼女から笑みがこぼれた。

何もしないと生きている実感が乏しくなる。ゴミ拾いは、誰でもがすぐに実行できる、実に手っ取り早い意識改革法なので、ぜひ試してみてほしい。

## 44

# 自分の手で育てる自分の墓花

今、私は小さな庭で水仙の花を育てている。毎年、少しずつ増えていくのがうれしい。私は、一月生まれ。水仙の花が咲く季節に生まれた。できるのなら、水仙の咲く季節に旅立ちたい。

最近、私の前世は水仙だったのではないかと思うようになった。水仙は水仙でも、可憐な花ではなく土に埋もれた球根。必死に大地に根を張り、ひたすら養分をたくわえ、芽を押し上げる。太陽の光を見ることもなく、土の中で命を削る。そして、一度も自分が咲かせた花を見ることはない。

咲いた花はやがて枯れ落ち、葉から養分をもらい、また次の年、同じように芽を押し上げる。そう、きっと、私は水仙の球根だったのだ。

そう思うと、ますます水仙に愛着がわく。出先で、花屋さんの片隅に、季節を終えた水仙の鉢が見切り品で置かれていると、まるで私のように思われて、思わず、抱き上げてしまう。

そんな球根達が、寒い季節に花を見せてくれる。もっともっと、水仙を育てたい。そして、やがて、お棺に横たわる私はたくさんの水仙の花に囲まれる。いいなぁ。

私の墓に供える花も私が育てた水仙がいい。私は、水仙の球根のように、土に還る。水仙の球根を子ども達への置き土産にしようと決めた。私の残した水仙の球根から芽が出て花を咲かせ、その花を摘んで私のお墓まいりに来てもらう。われながら妙案だと思っている。

## 45

# 老いるしあわせ

私は六十歳を超えた今が一番しあわせな時だと思っている。しあわせの理由は自由を感じられているからだ。

この世に生をうけて、娘、孫娘、妻、嫁、小姑という立場を過ぎてきた。今、姑という立場も加わったが、同じ家に嫁いだ女性同士という思いが強い。

親をすでに送っているので、私が病気になって死んだとしても、悲しませる親がいないということも身軽さを味わえる。

老いというものは、さまざまな荷物をひとつずつおろしていくものだ。そして最後に残るのが、裸の自分。

今、自分と付き合うのがやけに楽しい。人一倍、好奇心が強いことが、私の人生を面白くしてくれた。先日、今までかじった稽古事を数えてみたら、七〇種類を超えていた。中には、三日坊主ならぬ、一日でギブアップしたものもあるが、その経験は消えることはない。何ひとつとして、ものなったものもないが、あれこれ組み合わせてアレンジすることもできるので、これからの暇つぶしには事欠かないであろう。

老いは人生の総決算の時期だ。これからの毎日を楽しむための魔法の言葉は、「置き土産」。

明日、自分はいなくなるかもしれないと思うと、愚痴を言ったり、聞いたりする時間がもったいない。

私の寿命はあと何年だろうか。あと何年生かしてもらえるのだろうか。そう思いながら生きていると、何か大きなものにわが身を預けてしまったようで、気持ちがやけにラクである。

死に抱かれた私の生。そう思うと不安も憂いも消えていく。

## 余命一日——おわりに

部屋の壁に「余命一日」という言葉を書いたボードを飾っている。「よめいいちにち」と声に出すと、なぜか不思議に元気が出る。私の命は今日かぎりと思うと、愚痴を言ったり、言い訳をしている時間がもったいない。どうでもいいことに時間を取られたくないと、強く思うのだ。

義母の介護をしていたとき、私は寝る前に「さて、寝るか」ではなく、「さて、死ぬか」と言って布団に入っていた。その日の自分を消してしまうのである。

ついでに、義母にも消えてもらう。次の朝、生まれ変わった自分と、生まれ変わった義母が新たに向き合う。こう思うことで、「昨日、あんなことを言ってしまった」「昨日、あんなことを言われた」ということを引きずらずに済んだ。人間の心は折れやすい。だから、毎日をリセットすると、なんとか元気に一日を乗り越えられたのである。

介護が終わった今も、その習慣が残り、毎日「さて、死ぬか」と床に入っている。六十代も半ばになると、長時間、寝ていられなくなり、四、五時間もすると目が覚める。そして「あら、私、生きているわ」と思うのだ。生きているなら、今日を楽しく生きよう。面白く生きよう。まさに、余命一日、今日がすべてだと思って生きている。

人生、折り返しを過ぎたら、自分の生き方を生のほうから見るのではなく、思いきって死のほうから見るのがいい。生のほうから眺めると、目の前に老いや死が不安な材料として漂うが、死のほうから眺めれば、生しか見えない。やがて、生を眺めたまま、私は死に吸い込まれていく。私の後ろには、祖父母や父母、義母がいてくれるので不安はない。

何年か前に、私は自分の命日を決めたことがある。二〇二六年七月七日。母と義母が亡くなったときの年齢を足して二で割ると七七になった。私が七十七歳になるのが二〇二六年、七並びで七月七日にした。ただ、父が六十五歳で旅立っているので、父の寿命と同じだとすると、あと一年弱になる。これが長いか短いかを考えたとき、長いとも短いとも思わないのだ。なぜなら、余命一日という思いは、この先のことより、今を大切に、今日を精一杯生きることに専念することだからだ。
ということは、余命一日に老後はない。私には老後ないということだ。老後の心配など、ないわけだ。

羽成幸子

二〇一三年　春

# 考えることは、楽しい！

## 羽成流手作りアイデアグッズ

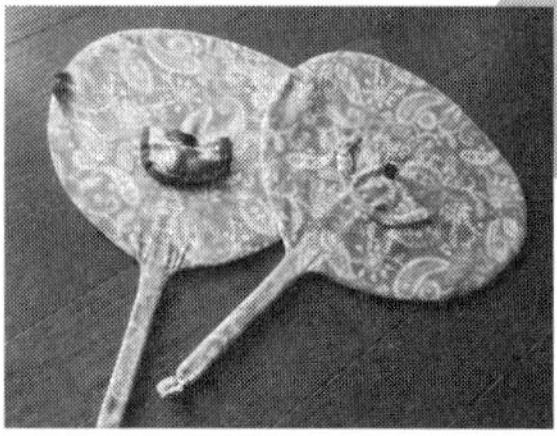

義母のために作った寝たまま体操用の団扇。扇いで腕の筋肉強化に。無料で配布される団扇に布をかぶせ、お香を入れるためのポケットを付けた。扇ぐたびにお香のいい香りが漂う。

寒さ対策には、手首を温めるのも効果的。ホテルから持ち帰れるアメニティグッズのヘアバンドを利用して作った「袖口ウォーマー」。スナップボタンでそれぞれをつなげるとネックウォーマーにもなる。

講演などで留守にする際、夫へのメッセージを書いておく「オネガイ人形」と「ヨロシク人形」。右隣は、ホテルの部屋に置くための携帯花瓶。花を活けるための花瓶はレトルトパックを利用。

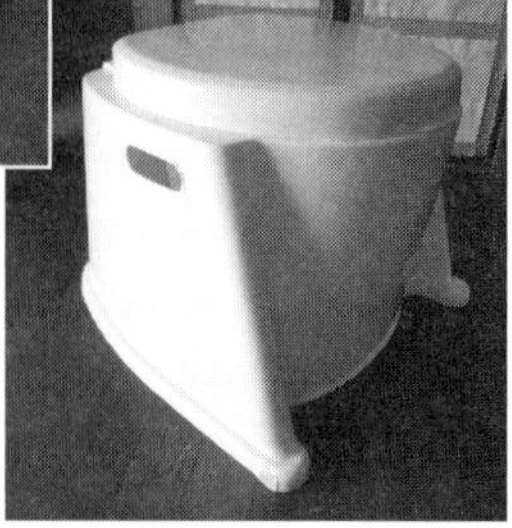

木の株をモチーフにしたカバーを取ると、中からあらわれるのは、義母のお下がりのポータブルトイレ。

孫が上り下りするのが楽しくなるようにと、花や蝶の絵を描いた。

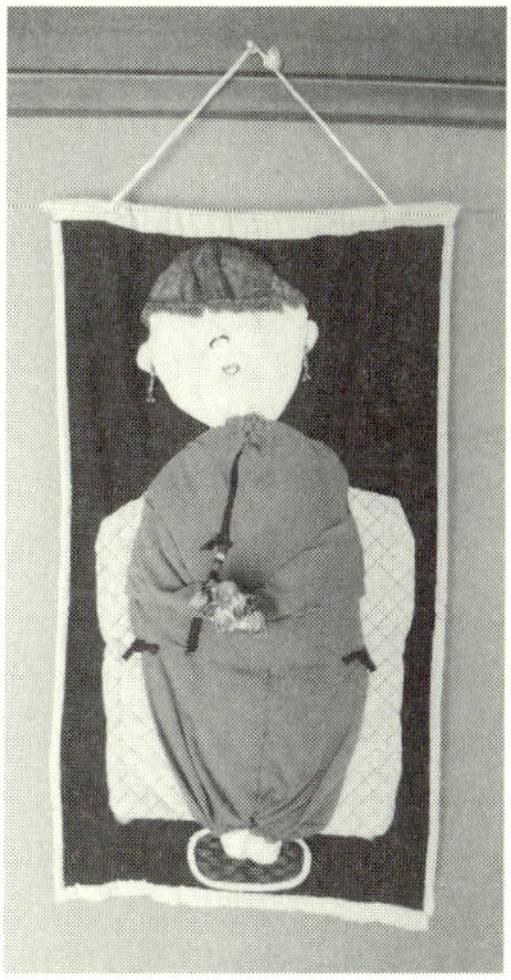

義母の着ていた服やアクセサリーなどを使って作ったコラージュ遺影。

使わなくなったバッグの再利用を考えることで、柔軟な思考力が鍛えられる。バッグの第二の人生は、時計バッグと植木バッグ。

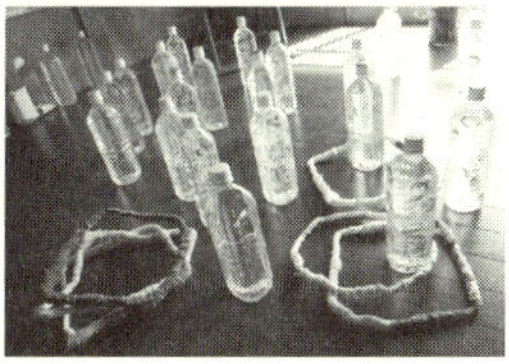

右上：使わなくなったベッドのマットをくり抜いて作った、パペット人形遊び道具。孫が大喜び。
右下：針金ハンガーに布を巻き付け、ペットボトルを的にした輪投げを楽しむ。
左：幼児は動くものが大好き。ゆらゆら揺れる立体アップリケを付けた衣装を作った。

**羽成幸子**　はなり・さちこ

一九四九年生まれ、群馬県出身。現在、神奈川県在住。エッセイスト、ヘルパー養成研修講師、ボランティア研修講師。祖父母、父母、姑、身内五人の介護体験をもとに、介護する側、される側の心のあり方をユニークな発想と介護哲学でわかりやすく紹介、全国各地で講演し、年代を問わず人気がある。現在、一男三女は成人し、親業卒業。自分の介護と死を意識しながら、孫育てと夫との共同生活実践中。主な著書に『男も出番！介護が変わる』『わが家流でいい！ほがらか介護』『介護に教科書はいらない』『賢いあなたに〈ひとり〉が似合う』『介護の達人』などがある。

老いの不安がなくなる45のヒント
右のポケットにアイデア、左のポケットにユーモアを

二〇一三年四月三〇日［初版第一刷発行］

著者　羽成幸子
©Sachiko Hanari 2013, Printed in Japan
発行者　藤木健太郎

発行所　清流出版株式会社
東京都千代田区神田神保町三－七－一
〒一〇一－〇〇五一
電話　〇三－三二八八－五四〇五
振替　〇〇一三〇－〇－七七〇五〇〇
〈編集担当〉松原淑子
http://www.seiryupub.co.jp/

印刷・製本　日経印刷株式会社
乱丁・落丁本はお取り替えいたします。
ISBN978-4-86029-402-1